Seadove

Seadove

揚雄：「古者楊墨塞路，孟子辭而闢之，廓如也。」

韓愈：「始吾讀孟軻書，然後知孔子之道尊，聖人之道易行。」

康有為：「舉中國之百億萬群書，莫如《孟子》矣。」

程頤：「周公歿，聖人之道不行；孟軻死，聖人之學不傳。道不行，百世無善治；學不傳，千載無真儒。」

《漢書・楚元王傳贊》：「自孔子歿，綴文之士眾矣。唯孟軻……博物洽聞，通達古今，其言有補於世。」

秦榆【著】

【孟子】「四書」之中，最具文采的著作！

【孟子】他的仁政思想，被後世奉為：「無敵」！

中國第一管理術

歷代王朝奉為唯一準則的領導藝術！

孟子

孟

前言

中國傳統的文化是一座豐富的礦產，裡面蘊含著豐富的管理哲學與思想！

孟子的治國之道當中，豐富的仁政管理思想對當今的企業管理思想是一個極大的啟示。孟子是中國人推崇的文化大師，孟子與孔子並稱中華「雙聖」，不管在做人還是在治國之道上，都極力推行「仁政」，認為「親親而仁民」、「仁者無敵」也。孟子在兩千多年前，就喊出「民為貴，社稷次之，君為輕」的治國原則，認為一切要以民為本，把人放在治國的首位，人是實行仁政的基礎。在個人修養方面，孟子要求領導者要有「樂以天下，憂以天下」的胸懷，有「當今之世，捨我其誰」的氣概，要有「至剛至大的浩然之氣」，做一個「貧賤不能移，富貴不能淫，威武不能屈」的大丈夫。在對人的管理上要「以德服人」，人民才能「心悅誠服」。孟子認為，民心的向背是決定一個國家興衰成敗的關鍵因素，「得民心者得天下」。在天、地、人三者關係中，「人和」至關重要，「天時不如地利，地利不如人和」，所謂「人心齊，泰山移」，「人和」就是「仁」的一種表現，還有「仁得天下，不仁則失」、「得道多助，失道寡助」……這些在歷史長河中，至今還散發出智慧光芒的至理名言，不正是對如今提倡的以人為體，建構和諧社會的一種啟示嗎？

面對孟子，常令人產生敬畏，因為他是站在千萬人之上的思想巨人，他的智慧就像陽光一樣，照射人們的心靈。

這是孟子的驕傲，也是中國人的幸運。學習孟子的治國智慧，也學習孟子的精神，做一個智慧和理智的管理者，就不會在抱怨與嘆息中成長，而是努力奮鬥，用自己發展的成果吸引世人尊重的目光，並在別人嫉妒和豔羨聲中，實現自己的人生價值。

本書以《孟子》為基礎，觀察孟子的管理思想，融注著真實感，文筆揮灑，是一部可讀之書，對大家提升自己管理能力大有益處。

目錄

第二章：領導者的自我修煉

第三章：現代企業的人本管理

第四章：以德服人的領導藝術

第五章：孟子的用人之道

第六章：打造無敵團隊

第七章：沒有規矩，不成方圓

第八章：現代企業創新管理

第九章：抓住機會，主動出擊

附錄：《孟子・梁惠王》

第一章：中華民族的亞聖

在中國漫長的封建社會裡，儒家思想處於獨尊地位。唐玄宗尊孔子為「文宣王」；宋真宗尊他為「至聖文宣王」；元成宗為其上尊號「大成至聖文宣王」；到了清初，孔子更加顯貴，被清帝奉為「大成至聖文宣先師」。每逢帝王們祭祀孔子時，旁邊總會有一位學者陪著孔子享祭。他同樣擁有崇高的尊號：「鄒國亞聖公」。顯然，在儒家學派中，他的地位僅次於孔子，這位學者便是孟子。

孟子其人

孟子，名軻，字子輿，戰國時期鄒國（山東鄒城）人，約生於西元前三七二年，死於西元前二八九年。他雖然是魯國貴族孟孫氏的後代，但是幼年喪父，家境貧寒。相傳，孟子的母親十分賢慧，辛勞的撫養他長大成人，為了給孟子創造一個好的學習環境，孟母曾經三遷其家，最後找到一個讀書人做鄰居，使孟子終成大器，晚年時回到故鄉，與萬章等親密的學生一起，「序《詩》、《書》，述仲尼之意，作《孟子》七篇」。一方面整理儒家典籍，一方面把自己的言論和事蹟整編成書。至今，我們瞭解和研究孟子的思想，最主要的依據就是《孟子》一書。

孟子是中國古代一位著名的思想家，他生於中國奴隸制向封建制轉變的時代，是繼承和發展由孔子創立的儒家學說的新儒家代表，是儒家第二大宗師，後世尊號「亞聖」。

著名哲學家勞思光說：「孔子代表中國儒學的創始階段，孟子則代表儒學理論的初步完成。就儒學的方向來說，孔子思想對儒學有定向的作用；就理論體系來說，孟子是建立較完整的儒學體系的哲人。故在先秦哲學家中，孟子有極為特殊之地位。中國文化精神以儒學為主流，孟子之理論則為此思想主流之重要基據。」

跟孔子一樣，孟子一生培育英才甚多，中年以後周遊列國，遊說諸侯，批判農家與墨家學者，也都與他的學生同行。《孟子》這部書也是孟子去世之後，他的學生如萬章、公孫丑等人追述孟子生前的行誼與言談所遺留下來的寶貴紀錄。這部心靈對話的記錄共計七篇，二百六十一章，三、四萬餘字，其中充滿一個偉大心靈思索所得的智慧言語，使得我們儘管於二千多年之後閱讀其書，仍然為這部書中所呈現的心靈深度所深深懾服。

孟子有淵博的知識和高尚的道德修養，其精神境界之崇高在中國學術史上影響至深。他的思想對中國哲學思想的發展、民族道德觀念的形成都產生深遠影響。因此，歷代政治家、思想家都很推崇他的學說。唐代思想家韓愈，宋代理學家張載、程頤、程顥、朱熹、陸九淵，清代王夫之、戴震等都非常推崇孟子，顯示孟子的學說中確實含有精湛的內容，具有充沛的生命力。有的至今仍然具有不可低估的現實意義，簡要歸納如下：

政治思想

孟子繼承孔子「仁」的思想，特別是勸告統治階級對人民要施「仁政」。孟子認為，這是一種最理想的政治，如果統治者實行仁政，可以得到人民的衷心擁護；反之，如果不顧人民死活，推行虐政，將會失去民心而變成獨夫民賊，被人民推翻。仁政的具體內容很廣泛，包括經濟、政治、教育以及統一天下的途徑……其中貫穿著一條「民本思想」的線索。

孟子根據戰國時期的經驗，總結各國治亂興亡的規律，提出一個富有民主性精華的著名命題：「民為貴，社稷次之，君為輕。」把人民擺在皇帝之上，在封建專制時代能提出這樣的觀點，非常難能可貴。孟子十分重視民心的作用，透過大量歷史事例，反覆闡述這是關乎得天下與失天下的關鍵問題。孟子認為，

「民之為道也，有恆產者有恆心，無恆產者無恆心」，**只有使人民擁有「恆產」，固定在土地上，安居樂業，他們才不會觸犯刑律，為非作歹。**孟子認為，人民的物質生活有了保障，統治者再興辦學校，用孝悌的道理進行教化，引導他們向善，這就可以造成一種「親親」、「長長」的良好道德風尚，即「人人親其親、長其長，而天下平」。孟子認為統治者實行仁政，可以得到天下人民的衷心擁護，這樣便可以無敵於天下。孟子所說的仁政要建立在統治者的「不忍人之心」的基礎上，「先王有不忍人之心，斯有不忍人之政矣。」「不忍人之心」是一種同情仁愛之心。但是，這種同情仁愛之心不同於墨子的「兼愛」，而是從血緣的感情出發。孟子主張「親親而仁民」，「老吾老以及人之老，幼吾幼以及人之幼」，仁政就是「不忍人之心」在政治上的表現。孟子的這種「仁政」學說和「民本主義」思想，儘管未被歷代統治階級所採納，但是它卻構成封建社會中儒家思想的理論基礎，概括封建制度下政治、經濟、思想、倫理、道德諸方面統一的社會模式。首先，從社會分工的角度來看，他認識到人民的作用，重視保護人民的生命財產安全，包含有重民、愛民、保民及「憂民之憂」、「樂民之樂」、「解民倒懸」的思想。其次，仁政包含按照客觀規律發展生產，保護生產力，安定人民生活的思想。第三，從經濟的角度上說，「仁政」能保證人民起碼的生活條件，安定社會。

倫理觀念

孟子把倫理和政治緊密結合，強調道德修養是管好政治的根本。孟子的性善說是一種道德先驗論，宋代以後，為理學家普遍接受，成為正統的人性論思想，影響深遠。

他說：「天下之本在國，國之本在家，家之本在身。」後來《大學》提出的「修齊治平」就是根據孟子的這種思想發展而來。

孟子一生具有遠大志向，他說「如欲平治天下，當今之世，捨我其誰也！」並終生為此而努力，在這方面他堪稱中國封建士大夫之楷模。孟子還有一套完整的自我修養方法，他說「吾善養吾浩然之氣」，「巍巍然」。孟子這種「巍巍然」的「浩然之氣」，表現出他嚴於律己、寬於待人、品行端正、志行高潔的思想品格。孟子還主張，一個人活在世上應當「貧賤不能移，富貴不能淫，威武不能屈」。他的這種頂天立地的大丈夫氣概曾為多少志士仁人所景仰，哺育出多少中華民族的英雄豪傑！孟子一生十分孝敬自己的母親，同時他還提倡「老吾老以及人之老，幼吾幼以及人之幼」這種尊老愛幼的孝德善行，不但幾千年來為人們所尊奉，而且對今天處理家族鄰里關係和現代人的為人處世也具有指導意義。孟子的「窮則獨善其身，達則兼善天下」的思想，固然是封建士大夫的處世哲學，但是今天看來，也具有不少合理的正確的內涵。孟子的「何必曰利，亦有仁義而已矣」，這種重義輕利的義利觀，提醒人們做任何事都不可見利忘義。在市場經濟的今天，面對一些拜金主義者和職業道德敗壞的人，它似乎更具有現實意義。

為了說明這些道德規範的起源，孟子提出人性本善的思想。他認為，儘管各個社會成員之間有分工的不同和階級的差別，但是他們的人性卻是同一的。他說：「故凡同類者，舉相似也，何獨至於人而疑之？聖人與我同類者。」在這裡，孟子把統治者和被統治者擺在平等的地位，探討他們所具有的普遍的人性。這種探討適應於當時奴隸解放和社會變革的歷史潮流，象徵人類認識的深化，對倫理思想的發展是一個巨大的推進。

教育思想

孟子還是一位偉大的教育家，一生總結豐富的教育理論和教學方法。他重視思想教育，反對摧殘人才；他主張老師要身體力行，反對只說不做。他樂為天下育英才，反對貴族壟斷教育，主張大力開辦學校，培養更多的知識份子；他主張教育的形式多種多樣；他重視教育與政治的關係，認為教育的作用就是爭取民心而行仁政；他重視人的個性，主張因材施教，強調外在的條件對於人的後天教育成長的影響。在學習上，孟子也有許多有益的見解，如刻苦思慮、深切體會、融會貫通、求自得、循序漸進、持之以恆、專心致志、博而約……今天仍有指導意義。

哲學思想

孟子哲學思想的最高範疇是「天」。孟子繼承孔子的天命思想，剔除其中殘留的人格神化的內容，把「天」想像為具有道德屬性的精神實體。他說：「誠者，天之道也。」孟子把「誠」這個道德概念規定為「天」的本質屬性，認為「天」是人性固有的道德觀念的本源。孟子的思想體系都是以「天」這個範疇為基礎。

孟子的思想代代相傳，深入整個中華民族的內心，道德風俗、習慣當中，對社會的穩定和民族精神的發展都產生重大作用。他不但在中國有深遠影響，而且在國外也廣泛的傳播。南宋以後，《孟子》被列入「四書」傳入朝鮮、日本、越南等亞洲國家，孟子的尊王賤霸思想成為日本明治維新的理論根據之一。

在西方，早在一五九四年（明朝萬曆二十二年），義大利人利瑪竇將儒家經典譯成拉丁文傳入歐洲；

一八七三年英國傳教士理雅各將孟子學說譯成英文在牛津大學主持講座；一八九八年德國傳教士衛禮賢將《孟子》譯成德文傳入德國；二十世紀六〇年代以後，美國加州大學教授格萊格認為孫中山的民主主義與孟子的「民之為道也，有恆產者有恆心」的思想一脈相承；在俄國，其漢學家比丘林所著《中國的國情與習俗》對孟子也有中肯的評價。

由於孟子的思想在全世界廣泛傳播，引起並加深世界各國學者和人民對孟子的瞭解，並且給孟子高度評價。法國《拉魯斯大百科全書》稱「孟子給人性以比孔子更明確的闡述」。日本《萬有百科事典》說：「在諸子百家的興起中，孟子為普及孔子的學說做出努力」。英、美合編的《新不列顛百科全書》中稱「孟子是僅次於孔子的重要導師，《孟子》一書比《論語》更富有文學色彩。」孟子贏得「中國第二聖人」之稱號。

仁者無敵：孟子的人生哲學

在中國，孟子是一個家喻戶曉的人。作為儒家思想的重要傳承和發揚者，他被尊為亞聖，而「孔孟之道」亦被當作儒學的代名詞。孟子對如何做人有充滿智慧和哲理的論述與闡釋，今天讀來仍能給我們很多啟迪。

孟子主張人無分貴賤，在人格上都是平等的。他喊出一句響亮的口號：「聖人，與我同類者。」（《孟子・告子上》）孟子這種思想的理論基礎是「性善論」。他認為：「人皆有不忍人之心」，「無惻隱之心，非人也；無羞惡之心，非人也；無辭讓之心，非人也；無是非之心，非人也。」這些基本的人性其實就是人類社會道德的基礎，「惻隱之心，仁之端也；羞惡之心，義之端也；辭讓之心，禮之端也；是非之心，智之端也」。在天性和人格上，聖人和凡夫俗子是生而相等的，他說：「麒麟之於走獸，鳳凰之於飛鳥，太山之於丘垤，河海之於行潦，類也。聖人之於民，亦類也。」（《孟子・公孫丑上》）正因為每個人都具備善良天性和良好品德，如果人們不斷發展自己的「四端」，也就是善性和道德，則「人皆可以為堯舜」。

錢穆先生指出，孟子的性善論包含兩層意義：一是啟迪人們向上的自信；二是鞭策人們向上的努力（《孟子要略》）。孟子提倡學習作為一個聖人不僅有益於挽救社會風氣，更重要也更積極的意義則在於肯定眾生人格平等。每個人經過努力都能夠成為聖人的命題，從終極目標上激勵人們後天的努力和奮鬥，同時說明國君、大臣和庶民在人格上並沒有高下之分。在等級分明的古代社會，這個思想是大膽而帶有進步意義。

在孟子看來，想要成為聖人就必須「保養本心」、善養「浩然之氣」。孟子說這種「浩然之氣」「至大至剛」，能夠「塞於天地之間」，聽起來似乎充滿神秘色彩，實則仍然以保養本性和加強仁義道德修養為依歸：「其為氣也，配義與道。」（《孟子‧公孫丑上》）紛繁世間，酒色財氣，人生總是充滿欲望和誘惑，想要當聖人，就必須擺脫這些外在干擾。孟子認為，人們的差別不在於富貴貧賤，而在於能否保持高尚的道德，即做「仁人」。君子「以德服人」，「君子所以異於人者，以其存心也。君子以仁存心，以禮存心。」（《孟子‧離婁下》）抵抗外在物欲干擾，保養良好天性，既需要好的環境，更需要個人持之以恆的努力。因此，孟子更強調個人的立志和堅持，強調君子必須「窮不失義，達不離道」。

孟子雖然說過「養心莫善於寡欲」（《孟子‧盡心下》），但其出發點是在強調人們尤其是君子應該注重道德修養，因而並不是反對人們追求物質利益。孟子成名之後，每次周遊列國，車馬隨從甚眾，場面非常氣派，所到之處，諸侯盛情款待。他的弟子對此不理解，懷疑這不符合儒家所說的「君子不言利」的精神。孟子則坦然處之，他解釋說：「非其道，則一簞食不可受於人；如其道，則舜受堯之天下，不以為泰。」（《孟子‧滕文公下》）也就是說，問題的關鍵是要看是否違背道義。有道，利再大也不為過；無道，利再小也不能受。孟子反對的是大家都將「仁義」拋諸腦後，而把目光緊盯在「利」上，反對「見利忘義」和「後義而先利」。他認為，如果人人都「懷利以相接」，「為人臣者懷利以事其君，為人子者懷利以事其父，為人弟者懷利以事其兄」（《孟子‧告子下》），就會導致人們不顧廉恥，互相傾軋，天下大亂。因此他提倡君子應該做到「仁民而愛物」（《孟子・盡心上》），在「魚和熊掌不可得兼」的情況下，要捨利取義、捨生取義。

與老子的清靜無為不同，孟子奉行積極入世的人生觀，有一種「當今之世，捨我其誰」的軒昂霸氣（《孟子・公孫丑下》），這比孔子的「道不行，乘桴浮於海」的無可奈何更為堅毅和充滿鬥爭意志。他相信即使暫時遇到挫折和困難，只不過是一些必經的考驗，人想要成功，必須經風雨、見世面。孟子認為人只有在逆境中奮鬥，才能激發強烈的進取精神：「故天將降大任於斯人也，必先苦其心志，勞其筋骨，餓其體膚，空乏其身，行拂亂其所為，所以動心忍性，增益其所不能。」「生於憂患、死於安樂」，人只有在憂患中才能生存，貪圖安樂必然會導致滅亡。在面對困境時，「君子不怨天，不尤人」，「自任以天下之重」（《孟子・萬章上》），以實現自我的人生價值。

「仁人無敵於天下」，有了這樣的修養和「浩然之氣」，就能夠無所畏懼。孟子在與諸侯王公交往中不卑不亢，表現出高度的原則性和氣節。當弟子問孟子，齊宣王對他很尊敬，為什麼孟子對齊宣王反而不那麼尊敬時，孟子用曾子的話說：「彼以其富，我以吾仁；彼以其爵，我以吾義，吾何慊乎哉？」（《孟子・公孫丑下》）他還說：「說大人，則藐之。勿視其巍巍然……在彼者，皆我所不為也；在我者，皆古之制也，吾何畏彼哉？」（《孟子・盡心下》）孟子多次與諸侯談論政治，堅持仁政主張，言辭犀利，敢攖逆鱗，經常使國君們「勃然變乎色」（《孟子・萬章下》），或者無言以對，只好「顧左右而言他」（《孟子・梁惠王下》）。

正是在這種自信和人格平等的基礎上，孟子提出「君之視臣如手足，則臣視君如腹心；君之視臣如犬馬，則臣視君如國人；君之視臣如土芥，則臣視君如寇讎」這個令專制君主恐懼不已的著名思想。這種平等的君臣觀，比所謂「君君、臣臣、父父、子子」要進步得多，它引起專制帝王和奴僕們的恐懼和指責，說它使人忘卻「君臣大義」：「孔子之道，君君臣臣，孟子之道，人皆可以為君也。」一千五百多年後，明太祖朱元璋讀到這些「大逆不道」的話，仍然咬牙切齒的說：「使此老在今日，寧得免乎？」他下令將孟子的牌位逐出孔廟，又大肆刪減《孟子》一書，但是孟子的觀念早已經深入人心，這些不過是徒勞罷了。

孟子的「大丈夫」精神

「大丈夫」這個詞，據史書記載，孟子為最先使用者。當然，孟子所謂的大丈夫有特定的含義，不能按照現在世俗的意思來理解成大男子主義。

《說文解字》「夫」字條下說：「周制以八寸為尺，十尺為丈。人長八尺，故曰丈夫。」孟子所說的「大丈夫」則與身體條件無關，不是指「身長八尺」之人。孟子的「大丈夫」與性別也無關，不是指男性之人，不是說大男人主義就是大丈夫精神。與權勢無關、與財富無關，與能說善道的才能無關，與博學多才無關，甚至與雄才大略也無關（仲尼之徒無道桓文之事者）。

居仁由義

孟子說的大丈夫與什麼有內在關聯呢？與道德、操守、人之價值、人之尊嚴有關。一個人若能不失其赤子之心，堅信人之道德良知千古不滅，並在立身行事時不滅本心，殺一不辜得天下而不為；殺身成仁，捨生取義，寧為玉碎，不為瓦全；得志掌權時為民族國家天下盡心盡力，廉潔奉公，不得志處於貧賤地位時能抱定固窮之節，樂天知命，自得其樂，獨善其身；不枉道事人，不曲學阿世；仰不愧於天，俯不怍於地，道德光輝暢於四肢，睟然見於面，盎於背——這就是孟子心目中的大丈夫。這種大丈夫，孟子也稱之為「大人」，也即孔子所說的「君子」。他的反面當然是「小人」，「賤丈夫」。孟子在好多地方都談到

「大丈夫」，例如：

「居天下之廣居，立天下之正位，行天下之大道。得志，與民由之；不得志，獨行其道（即『窮則獨善其身，達則兼善天下』之義）。富貴不能淫，貧賤不能移，威武不能屈，此之謂大丈夫。」（《孟子‧滕文公下》）

「大人者，不失其赤子之心者也。」（《孟子‧離婁下》）

「殺一無罪，非仁也，非其有而取之，非義也。居惡在？仁是也；路惡在？義是也。居仁由義，大人之事備矣。」（《孟子‧盡心上》）

《孟子》書中相關言論很多，在此不一一列舉。總之，孟子所說的「大丈夫」，是以仁義為基礎，這可謂「大丈夫」第一特點。

發強剛毅

大丈夫的第二特點是「剛」——發強剛毅。「富貴不能淫，貧賤不能移，威武不能屈」是典型的代表，相關言論不勝枚舉：

「說大人，則藐之，勿視其巍巍然。堂高數仞，榱題數尺，我得志，弗為也。食前方丈，侍妾數百人，我得志，弗為也。般樂飲酒，驅騁田獵，後車千乘，我得志，弗為也。在彼者，皆我所不為也；在我者，皆古之制也，吾何畏彼哉？」（《孟子‧盡心下》）

儒家所謂的「剛」有堅毅不拔的精神，但是沒有盛氣凌人的習氣，非人格，是「克己」型的。

子曰：「吾未見剛者。」

或對曰：「申棖。」

子曰：「棖也欲，焉得剛？」《論語・公冶長》

孟子的大丈夫就有這種「克己」的精神：

「養心莫善於寡欲。其為人也寡欲，雖有不存焉者，寡矣。其為人也多欲，雖有存焉者，寡矣。」（《孟子・盡心下》）

「愛人不親，反其仁；治人不治，反其智；禮人不答，反其敬。行有不得者，皆反求諸己，其身正而天下歸之。《詩》云：『永言配命，自求多福。』」（《孟子・離婁上》）

樂天知命

孟子所說的大丈夫非常「剛毅」，但是自己並不覺得活得很「累」，雖然「克己」，也不覺得活得很「苦」，而是很從容，很快樂。胸次有灑然之「樂」，這是「大丈夫」第三特點。

「口之於味，有同耆焉；耳之於聲也，有同聽焉；目之於色也，有同美焉。至於心，獨無所同然乎？心之所同然者何也？謂理也，義也。聖人先得我心之所同然耳。故理義之悅我心，猶芻豢之悅我口。」（《孟子・告子上》）

「君子有三樂，而王天下不與存焉。父母俱存，兄弟無故，一樂也。仰不愧於天，俯不怍於人，二樂也。得天下英才而教育之，三樂也。君子有三樂，而王天下不與存焉。」（《孟子・盡心上》）

「萬物皆備於我矣。反身而誠，樂莫大焉。強恕而行，求仁莫近焉。」（《孟子‧盡心上》）

宋代大儒程顥《秋日偶成》一詩，很能表現孟子的大丈夫的「樂」的境界：

閒來無事不從容，睡覺東窗日已紅。
萬物靜觀皆自得，四時佳興與人同。
道通天地有形外，思入風雲變態中。
富貴不淫貧賤樂，男兒到此是豪雄。

程顥與弟弟程頤並稱「二程」，都是宋代哲學家。程顥性格寬厚從容，與人無爭，頗能體會大自然的氣象。這首詩雖說是秋天偶然寫成，細細分辨卻可看出他的人生態度。最近心境悠閒，做什麼事都不慌不忙，絲毫不覺得有任何壓力。一覺醒來，看看東邊的窗戶透著紅光，原來太陽已經升得很高。精神充足，走出戶外，放眼望去，以平靜的心情欣賞萬物時，發現無一不具特色，各有其存在的道理，頗具自得的神情。春夏秋冬四時，也都有各自的美好風光與特殊勝景，這些都要靠人去品味。我們何不隨著四季的變化而享受自然的樂趣呢？

沉思宇宙的奧妙時，有形的天地還不足以窮盡「道」的神奇力量。「道」是萬物的來源，卻不隨著萬物而增減，實在是玄之又玄。思緒隨著風起雲湧，幻化為各種奇情想像，簡直是無所不能，極盡逍遙之能事。既然如此，還有什麼不滿足呢？

孔子主張「貧而樂」，孟子宣稱「富貴不能淫」。合而觀之，就是「富貴不淫，貧能樂」，在富貴時不致流連忘返、迷失本性，在貧困時卻能不改其樂。能到達這種境界，不就是「豪雄」嗎？何必一定要功成名就，或者叱吒風雲呢？

儒家的奠基者——孟子

說到儒家的代表人物，每個人都會認為是孔子，然而當我們真正的深入瞭解儒家思想的時候，當然也把孟子帶入，這時，我們有了一個驚人的發現，儒家思想源於孟子。孟子生於孔子逝世後近一百年，是孔子的孫子——子思的學生，子思又是《中庸》的作者。孟子的思想彙編於他和學生所著的《孟子》之中。

通讀《孟子》是一件極其困難的事，因為《孟子》之中充滿了辯論。由於孟子採用與孔子類似的辭彙來闡述他的思想，例如使用仁、義、禮、孝……同時孟子又在他的書中宣稱他繼承孔子的思想，其實，這並不令人意外，由於孟子是子思的學生，從傳承上看，與孔子一脈相承。於是，後人自然的將孔子、孟子合稱為孔孟。但是孟子思想是不是真的和孔子思想一致，要看他的思想中所包含的基本要素是不是與孔子的相一致，而不能僅用師徒關係來得出表面一致的結論。孟子從孩提時代起，就沉浸在孔子所創造的世界裡，隨著學習的深入，他很自然的會採用類似的語言解釋孔子的思想，並且宣稱他是孔子思想的繼承人。但是人文的思想與自然科學不同，自然科學所採用的語言較為精確，人文思想所使用的語言則比較模糊，同一句話往往會引發不同的理解。二千年來，孔孟結合的如此緊密，以至於沒有人懷疑這種結合的合理性，正是由於人文思想使用的語言比較模糊所導致。今天，我們在深入研究孔孟思想的基礎，透過對比來分析儒家思想的歸屬。

首先，我們來看儒家的三綱五常。

先秦的孔子時代乃至孟子時代，「儒」還只是對文人書生的稱謂。孔子及其學生不知道自己已經是儒家的代表，同樣的，孟子也不知道。儒成為一家，並崇奉孔子和孟子是從漢朝開始，將孔子、孟子和稱為孔孟也是從漢朝開始。一般說來，儒家的建立是以漢朝的董仲舒提出「三綱五常」為標誌。也就是說，孔子的思想經由孟子傳到往後學者，變成「三綱五常」。那麼，孔子的思想是不是可以推導出「三綱五常」呢？

我們可以首先對孔子的思想進行解讀，可以將其思想歸納為：「孝」作為傳遞道的主體，是人生、社會的根本，「忠信」作為人的基本道德，具有絕對性，「禮樂」作為人的人文時空，具有相對性，「仁義」作為人生實踐的方法，具有多樣性。什麼是「三綱五常」呢？「三綱」就是君為臣綱、父為子綱、夫為妻綱，綱是根本，綱舉目張。五常是五種基本道德：仁、義、禮、智、信。如此看來，孔子思想與「三綱五常」有很大的差別。孔子思想中，作為基本道德的「忠」和作為傳遞道的主體的「孝」不見了，似乎演變成君為臣綱和父為子綱。孔子思想中象徵人的人文空間，具有相對性的「禮」和作為人生實踐方法，具有多樣性的「仁、義」，與人的基本道德「信」一起被列在「五常」之中，而「三綱五常」還多出一個夫為妻綱，並將「智」也列為人的基本道德。因此可以肯定的是，孔子思想與儒家的「三綱五常」有本質的不同。

自漢朝的儒家建立以「三綱五常」為核心的理論基礎之後，二千年來，儒家的發展基本遵循著「三綱五常」的脈絡。君為臣綱發展出忠君思想，父為子綱發展出二十四孝，夫為妻綱乃至三從四德使得中國到處都是貞節牌坊，每一個牌坊都在昭示著一個被摧殘的人性。五常則是混亂的，五常中的「信」是人的基本道德，這是值得肯定的。但是將「禮」這個具有相對性的概念與「信」並列作為基本道德之一就會造成混淆；而將「仁、義」這兩個基於基本道德的衍生概念也作為基本道德就會使本末不清、真假難辨。例如仁和義中都包含著判斷的成分，以仁義作為基本道德，是將人的判斷力也歸為基本道德之列，這顯然是荒謬的。更有甚者，五常之中居然包括「智」，比起其他四個概念，「智」離基本道德最遠。「智」就像是工具，可以用來建設，也可以用來破壞。有了智慧，小偷可以變成汪洋大盜，高智商犯罪破壞性是最大的，老子說：「智能出，有大偽。」所以將「智」作為基本道德，與「信」並列，不僅降低「信」的重要性，而且會鼓勵「大偽」的出現。因此，儒家應該是三綱五常的儒家，而不是孔子的儒家。與孟子自稱是孔子的繼承人一樣，儒家只不過是將孔子列為先聖，從形式上加以崇奉。

自孔子思想到儒家的三綱五常，變化不可謂不大。但是，如此之大的變化發生在何處呢？儒家奉行這個與孔子思想有重大出入的三綱五常，怎麼可以號稱是孔子的傳人呢？現在要檢驗中間的傳遞過程，看一看孔子思想在哪裡改變。

首先，三綱五常中的三綱，也就是規定君臣、父子、夫妻主次關係的三綱，在孔子思想中是找不到的。儒家的三綱在君臣、父子、夫妻關係中，規定一方主宰另一方的關係。從表面上看，君為臣綱似乎來自於孔子思想裡的「忠」，但是透過對《論語》對「忠」的分析，可以看出《論語》裡的「忠」並不是忠君這樣狹隘，況且忠是一種道德標準，是一個人對自己的道德要求，並不是拿來要求他人服從自己的「武器」；父為子綱似乎來自於「孝」，但是我們知道，孔子思想中的「孝」是道的主體，是人作為「域中四大」之一所具備的道的特性。因此父為子綱與孔子思想中的「孝」完全不同。《論語》中有一段話可能與儒家的三綱有些關係，那就是：「君君、臣臣、父父、子子」。但有意思的是，這段話不是描寫君臣、父子關係。這段話出自於《論語·顏淵》

齊景公問政於孔子。孔子對曰：「君君、臣臣、父父、子子。」公曰：「善哉！信如君不君，臣不臣，父不父，子不子，雖有粟，吾得而食諸？」

齊景公向孔子詢問如何從政。

孔子說：「要做到君君，臣臣，父父，子子。」齊景公說：「對啊！如果君不君，臣不臣，父不父，子不子，雖然有足夠的糧食，我又能給誰吃呢？」

很明顯，上面這段對話中的「君君、臣臣、父父、子子」的意思是君要做得像君，臣要做得像臣，父要做得像父，子要做得像子！用今天的話說，就是在什麼位置就要做得像什麼，這顯然屬於「禮」的相對性，它顯然是強調每個人儘管擔任的社會角色不同，但是都有約束自己的準則。孔子在這裡沒有涉及到君臣、父子的關係，但是一百年後的孟子將「君君、臣臣、父父、子子」演化成君臣、父子。如《孟子·滕文公上》中的「父子有親，君臣有義，夫婦有別。」《孟子·盡心上》中的「仁之於父子也，義之於君臣也，禮之於賓主也，智之於賢者也，聖人之於天道也，命也。」於是孔子思想在這裡改變了，從孔子重點強調「君、臣、父、子」各有自身的職責，到孟子重點研究君與臣、父與子的關係，歷史的發展似乎註定要發生這樣的偏離。儘管孟子的「父子有親，君臣有義」，「仁之於父子也，義之於君臣也」對父子、君臣的關係描述得不清楚，但是這種對父子、君臣、夫妻之間關係的關注，最終導致儒家「三綱」的誕生。

儒家的「五常」來自於孟子的痕跡則更為清晰。上一段中所引用的《孟子·盡心上》中的一段話就可以看到孟子對「仁、義、禮、智」排比。有意思的是，五常之中唯一具備基本道德特點的「信」並不在孟子所列的基本道德之列，孟子僅舉「仁義禮智」四德。「信」被加入五常之中是在漢代，由於當時五行說盛行，為了配合五行說將「信」列入孟子所宣導的「仁義禮智」四德而發展成五常。可見，從孟子到儒家的三綱五常有著一定的傳承脈絡。到此，我們可以將儒家稱為孟子的儒家，儒家將孔子尊為他們的先師則僅僅是形式上膜拜，儒家理論中的基本觀點與孔子所指出的方向卻是南轅北轍。儒家思想的三綱將人按照一定的角色而規定主宰或從屬地位，在這一點上，他們接近西方的宗教，所不同的是，宗教中只有一個救世主主宰著世間萬物，而儒家思想指導的社會有眾多救世主，分別主宰著各自的小社會。從廟堂之上的眾臣對皇帝的三拜九叩、唯命是從，到一個個多代同堂的大家族，儒家的社會被分為一個個小型的宗教體系。

可惜的孔子思想到孟子這裡改變了，可以看出孟子化孔子更像是儒家的代表。我們當然不會完全否定孔子創始的意義和重要性，我們做此對比的主要目的，只是想說明孟子在儒家思想體系中的重要性。

「亞聖」孟子與「至聖」孔子思想比較

孔子是春秋時期的學者（西元前五五一～前四七九年），他首開私學，創立儒家學派。孟子是戰國時期的學者（生卒年不詳，一說西元前三八五～前三〇四年，一說西元前三七二～前二八九年），他繼承孔子的學說，並對儒家學派的傳播與發展做出重大貢獻。孔子生於今日山東曲阜，孟子生在距曲阜僅數十里的鄒縣，他們都曾沐浴著以泰山為中心的齊魯文化。

西元前二世紀中葉，漢武帝認識到孔子學說有利於中央集權的社會，因而採納董仲舒「罷黜百家，獨尊儒術」的建議，從此中國在長達二千多年的封建社會時期，一直尊奉孔子為聖人，尊稱孟子為亞聖；上至皇帝，下至黎民百姓，以及孔子後裔和孟子後裔，都自覺或不自覺的相信或認為孟子的學術思想與孔子一脈相承或完全一致，簡言之即所謂的孔孟一家。其實，這是一個天大的誤會，因為，實際情況是，孟子的學術思想一部分繼承孔子的思想，另一部分則是孟子自己的創造，而這後一部分內容已經大大的超越孔子。

說到兩者，不能不先從他們所處的時代來分析。之所以要先簡介孟子所處的時代背景，是因為一個思想家的思想往往要放在他所處的時代脈絡中觀察，才能彰顯出其獨特性及價值所在。如果將孟子放置於歷史環境中，分析此一歷史背景中的孟子，在時代背景的映襯之下，孟子的特性與代表性便躍然紙上。這種思考模式是一個很重要的思考方法，同樣一件事情我們要放在背景當中才能進行思考判斷。我們只有把孟子和孔子放在歷史當中，才能得到真正深層的認識與瞭解他們之間的異同。

孟子所處的戰國時代是中國歷史上社會、經濟、政治秩序變動最激烈的時代之一。在社會變動方面，各階層之間劇烈的流動是最引人注目的現象之一。由於各國之間激烈的軍事競爭，各國國君無不求賢若渴，積極招攬人才，許多出身寒微的知識份子憑藉本身的才能取得權力，並上升至較高的階級。社會各階層間互有升降，激烈流動的結果漸漸使原來上下嚴明的社會階級趨於消失。在經濟方面，主要的變動在於農業技術的進步，工商業的長足發展，大城市的興起及人口的激增等。牛耕及鐵器的使用增加農業生產；交通條件的改善及各國統一地區擴大等因素，也為工商業的繁榮提供有利的條件。農業及工商業的進步又造成人口的大量增加，大城市林立，土地私有制度亦逐步形成，最後終於瓦解封建制度的經濟基礎。

戰爭的頻繁也是戰國時代的主要特色。「爭地以戰，殺人盈野；爭城以戰，殺人盈城。」（《孟子．離婁上》）在各國之間頻繁的戰爭中，人民有如俎上之肉，任人宰割。當時的思想家都對人民所承受的巨大苦難寄予無限的同情，也都不遺餘力的撻伐戰爭的罪惡，希望能夠救人民於水火之中。孟子身處於一夕數變的時代中，對於他身處的世界有三種強烈的認識：一是認為當時瀰漫著濃厚的急功近利之風；二是對於當時政治的黑暗與墮落具有相當深刻的體察；三是深切的感覺到戰爭的殘酷及人民的痛苦。有鑒於此，孟子奮起而大力批判他所處的時代，並提出許多有力的建議，希望透過他的學說，引領時代步入理想的正途。

和春秋戰國時代的許多隱者相比，孔子和孟子都是懷抱著強烈的救世之心的人，他們建立儒家的典型風範，也確立此後幾千年來中國傳統知識份子的典型風範。戰國時代被孟子直言批判的國君並不算是鳳毛麟角，而是時有所聞。孔子是春秋時代的風格孕育的人物，一個如微風般和煦、溫馨的人格典範。相對於孔子溫如玉般的謙謙君子，及不疾不徐的生命情調，孟子的人格特質是剛烈、特立獨行、稜角分明，這自然也是他的時代所造就出來的，正是狂風暴雨、詭譎波瀾的戰國時代所醞釀出來的典型。

戰國時期，孟子主要表現以下四個相當明顯的個性：

強韌的生命力

只要仔細閱讀《孟子》，就會不由自主的被孟子攝人心魄的強韌生命力所震撼。孟子生於亂世，卻不隨俗俯仰，有所為有所不為，並時時以他雄渾有力、一針見血的筆鋒直指時代的墮落，尤其是當時盛行的功利思想。戰國時代的功利思想主要表現於兩個方面：第一是各國統治者多半短視近利，只追求一時的利益而不把人民利益放在心上。孟子曾經毫不客氣的指斥梁惠王（在位於西元前三六九～前三一九年）：「不仁哉，梁惠王也！以土地之故，靡爛其民而戰之。」（《孟子・盡心下》）一國之君如此，當時的知識份子又如何呢？戰國時代的知識份子遊走各國，憑其三寸不爛之舌縱橫捭闔，藉著對國君的獻策，圖謀個人富貴而置人民福祉於不顧，如蘇秦，張儀之流務為合縱、連橫，「一怒而諸侯懼，安居而天下息」（《孟子・滕文公下》），天下人民未蒙其利，先受其害。

第二則是一般人民在這種急速變遷的時代裡，也往往隨波逐流，淹沒於物欲的洪流中。孟子所處的時代可說是「天下熙熙，皆為利來；天下攘攘，盡為利往」的亂世，但是他終其一生都堅決與逆流對抗，在與時代潮流的頑健抗衡中展現強韌生命力。

強烈的使命感

孟子畢生以其強悍的生命特質，抗拒、批判整個時代的潮流，其精神動力之一即是他懷有強烈的使命感。孟子對於所處時代的使命感可在他與充虞的對話中表露無遺：「夫天，未欲平治天下也，如欲平治天下，當今之世，捨我其誰也？」（《孟子・公孫丑下》）除非是上天還不想平治天下，上天若想要平治天下，當今之世，除了我之外，還有誰足以當此重任呢？孟子的自信自負及沛然莫之能御的氣勢及使命感，於此表露無遺！就是在這種「捨我其誰」的使命感驅使下，他汲汲營營的奔走各國，希望能夠救生民於水火之中。

剛直的氣概

孟子剛直的氣概往往表現為永不妥協的性格。舉例言之：當孟子見梁襄王之後，即毫不客氣的批評他「望之不似人君」（《孟子・梁惠王上》）。再舉個例子：有一天，孟子已經準備前去晉見國君，尚未出門，國君派人前來，說：「國君本來想要來見先生，但是因為臨時身體不適，不知道先生能否在早朝時前來一見。」孟子立刻回答說：「我也本來要去看他，但是不幸臨時生病，不能去看他了！」（《孟子・公孫丑下》）孟子的個性就是這樣，堅持自己的風格，永不妥協。正因為如此，他為中國幾千年來的知識份子建立一種新的風格。縱觀多少朝代更迭之中，如牆頭草般的投機份子及曲學阿世的知識份子比比皆是，相形之下更能體會孟子的人格特質之代表意義。

充滿健動精神的理想主義

孟子知其不可而為之的理想主義，在某個程度上可能受到孔子的啟迪。孔子在石門遇見隱者就說他是「知其不可而為之者」。到了戰國時代，孟子把這種精神發揮得淋漓盡致。戰國時代是一個相當混亂而變動劇烈的時代，社會階層的流動速度之快，往往令人目不暇給。春秋時代的社會，血緣因素常常是一個人社會地位的決定性指標，但是在戰國時代，個人的能力才是決定其能否獨佔鰲頭的主要因素，血緣退居次要地位，「布衣可致卿相」，因此造就許多平民的崛起。舉例言之：張儀和蘇秦即是當時最著名的兩個說客，有一次張儀去遊說諸侯，差點賠上性命，當張儀好不容易從九死一生中甦醒過來，隨即問道：「我的舌頭還在不在？」發現自己的舌頭完好如初，才如釋重負的說：「只要我的舌頭還在，一切就沒有問題！」對於專靠一張嘴巴吃飯的謀士而言，只要三寸不爛之舌尚在，便可東山再起。春秋戰國時代是一個風起雲湧的時代，也正是這樣的時代，使中國的知識階層逐漸進入成熟期。孟子可以說是中國知識份子的典型，他使歷代帝王坐立難安，孟子就是這樣的具有典範意義。

讀《論語》時，印象最深刻的往往是《盍各言爾志》那一章：有一天，孔子對學生們說，你們何不說說自己有什麼志趣，不要因為我比你們年長，就覺得拘謹。說起自己的志趣，孔子的學生就不禁雀躍，子路說：如果讓我做外交部長，短期內就可以做到協和萬國，敦睦邦誼。孔子怎麼回應呢？《論語》記載：「夫子哂之！」就是說孔子只是笑笑而不具體回應。接下來，孔子又聽到他的學生們有的想做行政院長，有的要做外交部長，各有各的雄心壯志。孔子在聽過這些學生陳述自己的志願之後，都只是微笑不語，並未做出具體回應。最後，輪到曾點，他就是曾參的父親，當他的同學們踴躍暢談未來志向時，他只在一旁悠閒的彈著琴。當大家都概略敘述完自己的志趣之後，孔子轉頭對曾點說：「不妨也聊聊你的志趣吧！」曾點於是誠懇的回答：「我只希望能在暮春三月時，穿著新做好的春服，跟著五、六個成年人及六、七個小孩，大家一起悠閒的在小溪中洗浴玩耍，洗完澡後又能閒適的在舞雩的祭台上快樂的乘涼，然後大家愉悅的哼著歌，一起開開心心的回家。」孔子聽完之後，點頭稱許的說：「吾與點也！」也就是：「嗯！我與曾點的志趣相投！」（《論語・先進》）孔子的風範正是這樣讓人有如沐春風之感。孔子待人處世之道一向以敦厚、溫和、圓融著稱，他正是典型的春秋時代人物。

所以，從兩人的人格來看，孔子偏向敦厚，孟子則偏向憤世嫉俗。孔子作為儒家的創始人自然要以身作則，要別人有風度，自己就得是一個敦厚的儒者長者。這與孔子的人生經歷有關，孔子早年家貧，自學成才，因而自然養成謙遜的性格，他向長者請教時也總是恭恭敬敬。成材後，他也將這種恭敬的習慣一以貫之，他為了希望讓年輕人少遇挫折，對年輕人的教誨總是不厭其煩。他是老師，也是長者，所以脾氣暴躁的子路都會受他的影響，並拜他為師。寬恕始終是他的人生信條，如在陳國，被別人形容為「喪家之犬」，他都不生氣，但是在原則上則義正詞嚴，毫不妥協。當他發現魯國國君的臣子享受不該享受的待遇時，他也會說「是可忍，孰不可忍」。所以，孔子的敦厚中蘊藏著凜凜正氣。

孟子則不同，孟子偏向憤世嫉俗。孟子生活在戰國時期，在那個時期內，諸侯們交相攻伐，仁義早被拋諸腦後，「興滅繼絕」的傳統也煙消雲散，人民流離失所，餓殍遍野。孟子把個人與社會緊密的聯繫，他以解民倒懸為己任，自然看不慣諸侯們的那一套，人民的血流在他的眼中，哀號迴盪在他的心中，這更激起他的憤世嫉俗。孔子也憤世嫉俗，只不過他最大的憤怒也就是「道不行，乘桴浮於海」。孟子則不同，他是「當今之世，捨我其誰」。孔子的憤怒是出世，孟子的憤怒是入世，是一股豪邁之情、自信之氣，他愈憤怒愈要入世，正如孟子所說「富貴不能淫，貧賤不能移，威武不能屈」。所以在孟子的性格中就表現出有很強的戰鬥性。面對黑暗政治，孔子採取退讓的方法。孟子則與孔子正好相反，他鼓勵人民起來造黑暗政治的反，殺掉厲王、紂王這樣的暴君不算「弒君」。是的，這些人算什麼「君」，他恣意獵食人民的血汗，他已經變成披著君王外衣的吃人的野獸，人民不打到他，他就要吃掉人民。據說，歷史上有的皇帝畏懼孟子的這些話，在出版《孟子》一書時命令編者將孟子帶有批判性的話刪去。孟子善養浩然正氣，這也是孔子不及孟子的地方。孟子認為：「夫志，氣之帥也；氣，體之充也。」「其為氣也，至大至剛，以直養而無害，則塞於天地之間。其為氣也，配義與道。」（《孟子‧公孫丑上》）意思是說，內心的志向是義氣的主導；義氣是充滿渾身的力量。這種氣，最偉大，最剛強，用正直去培養它才沒有妨害，就能充滿天地之間。這種氣，要跟義與道相配合。如果不是這樣，就會缺乏力量。這是累積正義才產生偉大力量，不是憑偶然的正義之舉所獲取。孟子養的氣，就是正氣，就是充滿胸間的正義精神和力量。孔子的「氣」沒有孟子充盈，所以孔子沒有孟子的戰鬥精神。孟子用浩然正氣宣揚自己的政治主張，喚醒人民向罪惡的統治反抗。孟子的浩然正氣貫穿他的全部行為和言行。「富貴不能淫，貧賤不能移，威武不能屈。」這些話多麼具有力量！後來，一些知識份子將「浩然正氣」書成巨匾，懸於明堂，激勵和鼓勵自己。毫無疑問，孟子這種精神滋養、潤育一批又一批的中華民族的精英。所以，從對後世文人的人格形成的影響來看，孟子的影響超過孔子。

第二，從他們對「仁」的看法來看，孔子是大樓的設計者和奠基者，孟子是大樓的建立者和完善者。

孔子針對「春秋無義戰」提出「仁」的思想，他並沒有將「仁」的思想形象化、具體化，「仁」在孔子時代還只是一個籠統的概念。孟子則在「仁」的基礎上，將其具體為「不忍之心」，並建立「性善論」對其進行論述，進而提出「仁政」的概念。由「仁」到「仁政」是一種從社會道德到社會政治的一個飛躍，這種飛躍將能更好的鞏固「仁」的觀念，並能更好的施行「仁政」，可以說孟子的思想比孔子更具有人性。孟子是站在人民的立場上，為群眾著想。孟子的「仁」是建立在「民」的基礎之上，他說：「民為貴，社稷次之，君為輕。」（《孟子・盡心下》）他提出「樂民之樂，憂民之憂」的政治行為觀，這表現出「聖人無常心，以百姓之心為心」的政治思想。孟子對齊宣王說：「君之視臣如手足，則臣視君如腹心；君之視臣如犬馬，則臣視君如國人；君之視臣如土芥，則臣視君如寇讎。」（《孟子・離婁下》）孔子的「仁」雖然也是「民本」的，但是沒有孟子具體和鮮明。

第三，從具體的施政綱領來看，孔子的施政綱領比較簡單和原始，孟子的施政綱領則較為詳細具體。孔子治理天下，不外「禮樂」二端，他的禮就是不僭越，君君、臣臣、父父、子子，每個人都有每個人的職責，不能超越界限；他的樂就是「浴乎沂，風乎舞雩，詠而歸」，簡單來說就是簡政施仁。孔子也贊同發展經濟，他很贊同管仲，他說「微管仲，吾其披髮左衽矣」。他也贊同用適當的刑罰來懲戒，不過，他不贊成濫施刑罰。孟子則不同，他認為「民為貴，社稷次之，君為輕」，認為可誅殺「獨夫」，雖然多了一點殺伐之氣，卻表現出其朗朗正氣；他認為樂也應該用來治理國家，「今之樂猶古之樂」，為君者當「與民同樂」，以此教化人民。孟子不贊同刑罰，只是因為戰國時期各國刑罰太甚，他贊同教化「謹庠序之教，申之以孝悌之義」。他最贊同的是發展經濟「五畝之宅，樹之以桑，五十者可以衣帛矣。雞豚狗彘之畜，無失其時，七十者可以食肉矣。百畝之田，無奪其時，十口之家可以無饑矣」。孟子的經濟就是「教養」兩端，畢竟「倉廩實而後知禮節」。

第四，從治民思想來看，孔子認為，上對下的基本原則是「君使臣以禮」（《論語・八佾》）。所謂禮，即孔子所謂「周因於殷禮」、「殷因於夏禮」的禮（《論語・為政》），亦即夏代草創、殷代發展、周初成熟的宗法制度。孔子主張「克己復禮」（《論語・顏淵》）也就是維護、恢復周初的宗法制度。它的關鍵有兩個：一是各級統治者世襲，即所謂「大人世及以為禮」；二是上級領導下級，即孔子所謂「君君、臣臣、父父、子子」（《論語・顏淵》），這是治民法寶。

在「大人世及」的前提下，「君君、臣臣」，等級森嚴，則是孔子思想和一生言行的大綱，貫徹這個大綱的方法則是「正名」。為此，他還曾跟子路吵過架：「野哉，由也！……名不正則言不順，言不順則事不成，事不成則禮樂不興，禮樂不興則刑罰不中，刑罰不中則民無所措手足。」（《論語・子路》）孔子如此重視的「名」，就是爵位、官階、身份、名號，它和當時習稱為「器」的政權同等重要，他說：「唯器與名，不可以假人……若以假人，與人政也。政亡，則國家從之。」（《左傳・成公二年》）

有了「大人世及」和「正名」這兩件治民法寶，就不至於爭天下、亂名分、動干戈。至於君主是否聖明，人民是否能生存，就只好聽天由命。不過，孔子力求完善，對統治階級提出許多建議，設計一套居高臨下的治民手段。

王侯們要行德政。他說：「為政以德，譬如北辰，居其所而眾星拱之。」（《論語・為政》）

當政者以身作則。他說：「政者，正也。子帥以正，孰敢不正？」（《論語・顏淵》）

政刑與德禮並用，德禮是上策，政刑是下策。他說：「道之以政，齊之以刑，民免而無恥；道之以德，齊之以禮，有恥且格。」（《論語・為政》）

對下民要先「富之」，後「教之」（《論語・子路》），目的是為了「使之」。他說：「小人學道則易使也。」（《論語・陽貨》）

役使人民要合乎義理，適於時令。他說：「其使民也義。」（《論語・公冶長》）又說：「使民以時。」（《論語・學而》）

孔子的這些勸諫如果確實有效，則周室將代代如文武周公，可惜當權者不愛可憐窮人，故厲王暴政有之，幽王淫政有之，孔子奔走呼號一生也無濟於事。孟子則吸取教訓，論點有所改變。

孟子先將孔子的禮治學說改造為「仁政」主張。禮治的軀殼是宗法制度，禮治的目的在「君君」，即以忠君為目的，以親民為手段。歷史的經驗是忠君之民常有，而親民之君罕見。於是孟子在戰國時代的君主社會中，率先摒棄以責民為主的禮治口號，提出以責君為主的仁政主張，表現宗主社會意識形態轉變為君主社會意識形態的社會思潮。

「仁」在孔子的學說中是一個普遍的道德範疇，以「愛人」為主要內容。孔子認為仁人少見，連自己也不敢稱仁；孟子則硬要把仁塞給當政者，並設計一套仁政方案：

恢復井田制，輕徭薄賦，什一而稅。他說：「夫仁政，必自經界始……方里而井，井九百畝，其中為公田。八家皆私百畝，同養公田。公事畢，然後敢治私事。」（《孟子・滕文公上》）。如果能這樣，自然是周初的小康世界，但是在戰國這是不可能的，所以孟子為梁惠王設計的是另一種方案：

控制人民的產業，使人民存活。他說：「明君制民之產，必使仰足以事父母，俯足以畜妻子；樂歲終身飽，凶年免於死亡。」（《孟子・梁惠王上》）這樣的要求往往也難於實現，於是孟子又降低標準：

不要殺人，要收攬民心。他說：「天下之人牧，未有不嗜殺人者；如有不嗜殺人者，則天下之民皆引領而望之矣。」（《孟子・梁惠王上》）得到民心還要妥善管理，於是孟子又提出施政細則：

選賢任能，明賞信罰。他說：「貴德而尊士，賢者在位，能者在職。國家閒暇，及是時，明其政刑，雖大國，必畏之矣。」（《孟子・公孫丑上》）

孟子的治民思想如果得以實現，戰國則成為「理想國」。然而，人君卻以他的言論為「迂遠而闊於事情」（《史記・孟子荀卿列傳》），「仁政」未之有也。

孔子主張以責民為主的禮治，孟子主張以責君為主的「仁政」；外表相差甚遠，本質卻大致相同，即孟子所說的「勞心者治人」，真是殊途同歸的典範。

殊途同歸是階級社會中所有政治流派的大趨勢。孔子的治民主張符合宗主社會農奴主階級的需要，為恢復和苟延周王室的政權服務；孟子的治民主張符合君主社會地主階級的需要，為鞏固和發展各個新興的君主政權服務，這是殊途。孔孟的治民主張都維護統治階級對勞動階級的統治，這是同歸。

第五，從事君思想比較來看，孔孟都是忠君論者，他們主張臣民應當對君主敬且忠。孔子曰：「臣事君以忠。」（《論語・八佾》）孟子曰：「無父無君，是禽獸也。」（《孟子・滕文公下》）但是他們所說的都是理想化的君主，如文武周公一樣的君，是「親民」的君，對厲君和暴君，他們則有不同的態度。

孔子把事君和事父母看作是一回事。「出則事公卿，入則事父兄。」（《論語・子罕》）孔子認為是人之大倫。君父有了錯誤、醜行，孔子認為首先要替他們隱瞞。他說：「父為子隱，子為父隱，直在其中矣。」（《論語・子路》）孔子將這個父子互相包庇的原則也用於事君。魯昭公娶同姓的吳女，於周禮為大惡，孔子卻對學生說魯昭公知禮（《論語・述而》）。孔子作《春秋》，屢用曲筆，《公羊傳》指出孔子「為尊者諱，為親者諱，為賢者諱」（《公羊傳・閔公元年》），《穀梁傳》指出孔子「為尊者諱恥，為賢者諱過，為親者諱疾」（《穀梁傳・成公九年》）。孔子為君長隱惡的目的，一則是怕招禍而明哲保身；二則是避免小民仇君漫長而叛亂。

在為君主隱惡的前提下，孔子認為忠君應當犯顏直諫，以正君行。子路問「事君」，子曰：「勿欺也，而犯之。」（《論語・憲問》）意思是說不要欺瞞君主，應當知無不言，犯顏直諫。他稱讚殷紂王的三個忠臣能不顧個人安危榮辱而諫君：「微子去之，箕子為之奴，比干諫而死，孔子曰：『殷有三仁焉。』」（《論語・微子》）這三個人的忠誠態度是不一樣的，尤其是微子諫而不聽則走，實在算不上真忠，但是孔子則給了最高的評價「仁」，說明孔子的忠君思想是有限度的。他的行為也說明了這點。據《史記・孔子世家》載，齊贈魯女樂、文馬，魯君與季桓子三日不聽政，孔子乃不諫棄官而走。走則可也，弒君則萬萬不可。陳恆殺齊簡公，孔子沐浴而朝，請魯哀公出兵討伐（見《論語・憲問》），這說明孔子在忠的理論方面，雖小德有所出入，但「大德不踰閑」（《論語・子張》）。

然而，為了出仕的理想能夠實現，孔子卻不免於圖謀不軌。陽虎叛亂，勸孔子出仕，孔子曰：「諾，吾將仕矣」；「公山弗擾以費叛，召，子欲往」；佛肸以中牟叛，「召，子欲往。」（《論語・陽貨》）這說明孔子的忠君思想必須在頑強的節制下才能維持貞操。或曰：孔子想參加叛亂的理由是「如有用我者，吾其為東周乎」（《論語・陽貨》）。然而這卻是藉口，孔子周遊列國求仕，唯獨不求周天子。孔子謀叛的真正目的被子路問出來了，子曰：「吾豈匏瓜也哉，焉能繫而不食。」（《論語・陽貨》）

孔子事君思想的要點是：忠於賢明的君主，勸諫不肖之君，離棄不納諫之君，隱君之惡，救君之危，儘量不叛君。孔子一生忍辱負重，清心寡欲，力求言行一致，終於沒有失大節。孟子雖然秉承師教，卻並不如此斯文。

孟子對當時貧富懸殊、攻城掠地的社會現象深惡痛絕，他指斥當時的君主是「率土地而食人」、「率獸而食人」（《孟子・梁惠王上》）。他認為「春秋無義戰」（《孟子・盡心下》），當然可以引申為春秋無義君。孟子對這些不肖之君的態度略同於孔子，他說：「君有過則諫，反覆之而不聽，則去。」（《孟子・萬章下》）對那些暴君，孟子則一反孔子的溫和態度而異常激烈：「君有大過則諫，反覆之而不聽，則易位。」（《孟子・萬章下》）迫君易位，一般被認為是大逆不道，但是孟子為自己找到依據，他說：「太甲顛覆湯之典刑，伊尹放之於桐。三年，太甲悔過，自怨自艾，於桐處仁遷義。三年，以聽伊尹之訓己也，復歸於亳。」（《孟子・萬章上》）。允許不肖之君改過復位，是伊尹的創舉，孟子則把它發展成為理論，表現出孟子還沒有離開忠的軌道。但是對不可救藥的暴君，孟子就要造反殺君。齊宣王問武王伐紂殺君可否，孟子回答說：「賊仁者謂之賊，賊義者謂之殘，殘賊之人謂之一夫。聞誅一夫紂矣，未聞弒君也。」（《孟子・梁惠王下》）孟子對這樣的暴君，不但主張殺，還主張剝奪其名號，謚之曰獨夫民賊，與孔子的觀點可謂小同而大異。小同，是指忠君的歸宿相同，大異，是指忠君的途徑殊異。

孟子的事君思想顯然比孔子進步。孔子的事君思想侷限於禮的模式、規範，教條死板；孟子的事君思想則生動活潑，表現出開放的傾向、重民的傾向、競爭的傾向——誰好就忠於誰。這些傾向顯然是社會經濟發展的結果。

第六，從上下互制思想比較來看，孔孟都認為上下級應當互相制約。孔子曰：「君使臣以禮，臣事君以忠。」孟子的態度則更明朗、更激烈，他說：「君之視臣如手足，則臣視君如腹心；君之視臣如犬馬，則臣視君如國人；君之視臣如土芥，則臣視君如寇讎。」（《孟子・離婁下》）這種等價交換的人際關係原則，就是一種社會約束。

孔子的約束工具是禮。禮本來是一個倫理學範疇，當禮作為一個政治學範疇，作為一種約束工具來維繫君臣民關係時，孔子也稱之為「度」。據《左傳・昭公二十九年》記載，晉鑄刑鼎，孔子曰：「晉其亡乎！失其度矣。夫晉國將守唐叔之所受法度，以經緯其民，卿大夫以序守之，民是以能尊其貴，貴是以能守其業。貴賤不愆，所謂度也……今棄是度也，而為刑鼎。民在鼎矣，何以尊貴？貴何業之守？貴賤無序，何以為國？」孔子認為貴賤不愆，名分不亂就是度，和禮的內涵一致，所以度就是禮。在孔子看來，唯有度是君臣民以序遵守的法則；舉國上下都行之以度，謙恭好禮，等級森嚴，貴有業守，賤有勞作，自然國運長久。在孔子看來，刑法不是君臣民和衷共濟的約束，因為貴人不用守法，賤人守法尊刑鼎而不尊貴人，所以刑法不能調和君臣民三者之間的關係。孔子為了實現他的小康政治理想，便在倫理學的旗幟下大說其禮，以禮代度求治。他要人們「克己復禮」，要人們「非禮勿視，非禮勿聽，非禮勿言，非禮勿動」（《論語・顏淵》），他要臣民和君主都說禮行禮，他說：「為國以禮。」（《論語・先進》）但是孔子的禮實在太無能了，就在孔子的家鄉、禮樂之邦的魯國，昭公失禮，三桓政變，國君奔死它鄉；繼而三桓失勢，陪臣擅權，陽虎、公山不狃叛亂；民間則有「苛政猛於虎」（《禮記・檀弓》）；以至孔子奮鬥一生也未能改變「禮崩樂壞」的局面。於是孟子改弦更張，以「仁」作為君臣民的共同約束工具。

孟子首先把仁分給每個人，他說：「惻隱之心，人皆有之……惻隱之心，仁也。」（《孟子・告子上》）又說：「強恕而行，求仁莫近焉。」（《孟子・盡心上》）這樣，孟子就給每個人找到行仁的理由，並且找出求仁的捷徑——勉之強之以行忠、寬、恕之道。剩下的就是人們能不能勉強行仁的問題。於是孟子又提出行仁的好處：「仁者無敵」（《孟子・梁惠王上》），「行仁政而王」、「仁則榮」（《孟子・公孫丑上》）。孟子又指出不行仁政的壞處：「天子不仁，不保四海；諸侯不仁，不保社稷；卿大夫不仁，不保宗廟；士庶人不仁，不保四體」，「苟不志於仁，終身憂辱，以陷於死亡」（《孟子・離婁上》）。孟子期望這樣周密的說教會使貴人、賤人一起守仁，互相約束，豈不知人們發現強權和暴力比仁更奏效，於是孟子的約束工具「仁」便被束之高閣。

孔孟不同的約束工具反映出他們不同的性格，也反映兩個時代不同的社會風尚。禮是客觀的東西，孔子尊重客觀，反映出他謙虛謹慎、屈從現實的性格，反映出春秋時代人們對傳統現實流連因循、對新生潮流徘徊觀望的社會風尚。仁是主觀的東西，孟子尊重主觀，反映出他自信自強、追求維新的性格，反映出戰國時代人們對新政流弊懷疑挑剔、對未來幻景躍躍欲試的追求精神。這也是社會經濟發展所決定的。春秋時代生產力相對落後，故人們的心理怯懦保守；戰國時代生產力相對提高，故人們的思想開放大膽。

總之，孟子雖然沒有孔子博大，但是他不僅繼承孔子以「仁」為核心的修身養性人格學和「親民」的國家政治管理學，而且在這兩方面都比孔子精深。可以認為，孟子的全部學問集中在這兩點之上。修養人格，必須將「仁愛、仁善」與「正義、勇毅」結合；從事政治管理，必須從「民」這個根本出發。就中華民族現在的文化精神狀態來看，褒揚孟子的人格學和政治管理學比褒揚孔子的人格學和政治管理學更具有意義。不論是中國的過去和現在或將來，在強調「仁愛」的基礎上，高揚「勇毅」的精神之旗非常重要，因為中國的傳統文化裡有極重的「迂氣」、「腐氣」。在中國，不論是過去、現在、將來，宣導「民為邦本」，實施民主政治比什麼都重要。只有政治管理的科學，才能帶來國家的強大和民族的振興。

孟子——民主思想的先驅

「五畝之宅，樹之以桑，五十者可以衣帛矣。雞豚狗彘之畜，無失其時，七十者可以食肉矣。百畝之田，勿奪其時，數口之家，可以無饑矣。謹庠序之教，申之以孝悌之義，頒白者不負戴於道路矣。七十者衣帛食肉，黎民不饑不寒，然而不王者，未之有也。」（《孟子．梁惠王上》）

這是孟子為我們描述的一幅景象，面對著這個塵封歷史二千餘年，但是依舊鮮活無比的畫面，我們感到震驚！

這是一幅怎樣的景象啊！這裡沒有饑餓欺凌，沒有征伐殺戮，人民豐衣足食，安居樂業，人人尊老愛幼，知禮達信，這不是中國人民幾千年夢寐以求的理想生活嗎？孟子以他那如掾之筆，構築這個王道樂土。樸實無華的幾行文字，浸透對人民的殷殷關愛，透露治世的玄機，更昭示他深邃的哲學思想。我們曾一味的盲目讚美西方民主制度的發達，羨慕他們哲學思想的成熟，但是站在佇立於遙遠歷史起點的孟子面前，我們心中陡然升起一種自豪。中國原本並不缺乏民主的基因，民主之花早在二千年前的戰國時期就已經綻放，而且光彩照人。但是此時的西方，還是一片混沌。「民為貴，社稷次之，君為輕」，人民足衣足食知禮，「然而不王者，未之有也」。他把民生民計置於一切問題的核心，由此發展出一整套民本主義理論，這種民本主義實質就是一種民主的理念，而他為人民設計的理想社會又是那麼的溫馨美好，可親可近。在迷離恍惚的中國歷史的盡頭，竟然還有一位如此超越時空的民主先驅，又怎能不使人震驚呢？

康有為認為：「此孟子立民主之制，太平法也。蓋國之為國，聚民而成之，天生民而利樂之，民聚則謀公共安全之事，故一切禮樂政法皆以為民也。但民事眾多，不能人人自為公共之事，必公舉人任之。所謂君者，代眾民任此公共保全安樂之事。為眾民之所公舉，即為眾民之所公用。民者如店肆之東人，君王乃聘雇之司理人耳。民為主而君為客，民為主而君為僕，故民貴而君賤易明也。」

孟子先進的民主思想對二千年來的封建王朝來說是一個震撼，激起封建獨裁者的恐慌。有一個故事很能表現出孟子思想帶給統治者的震撼，歷代統治者多半對孟子思想憎惡有加，卻又有時不得不表現出崇尚的態度。明太祖朱元璋在即位為皇帝後，便裝腔作勢要讀書，而讀書的內容不外是《論語》、《孟子》、《大學》、《中庸》。《論語》這本書讀起來就像孔子這個人一樣，不疾不徐，無欲無求，朱元璋便自然而然的打起瞌睡。讀到《孟子》時，朱元璋才從濃濃的睡意中猛然驚醒，聽到講官朗朗的唸出：「聞誅一夫紂矣，未聞弒君也」，又聽到：「民為貴，社稷次之，君為輕」的說法，這位出身草莽的皇帝簡直不敢相信自己的耳朵，《孟子》這部歷代讀書人所共同的必修課中怎會出現這些大逆不道的話呢？孟子針對國君所發的言論，似乎字字句句都從《孟子》書中跳出來指責他一樣，於是在惱羞成怒之際，朱元璋忍不住大罵孟子：「假使這個糟老頭生在我大明的時代，還能讓他有免罪的機會嗎？」盛怒之下的朱元璋正不知如何處置這早已死了千年之久的孟子，恰好有臣下來報告即將舉行祭孔大典的事，這位皇帝立即心生一計，下令說：「把孟子的牌位給我撤了，並把他趕出孔廟！」藉著這個舉動以洩其心頭之恨。然而，也該孟子有永享祭祀的口福，第二天，掌理觀察天象的官員就趕緊報告天空出現異象的消息，朱元璋儘管在人間作威作福，也還不敢得罪上天，違逆天意，就趕緊把孟子的牌位請回孔廟。

但是專制跋扈的朱元璋並未因此改變對孟子的憎惡。二十四年後的洪武二十七年（西元一三九四年），朱元璋間來思及當年的這件陳年往事，覺得《孟子》書中必定大有文章，遂命大學士劉三吾（西元一三一二～一三九九年）把《孟子》全書做了一次相當徹底的思想檢查，刪減《孟子》書中所有詆毀君主的言論。《孟子》全文共計三、四萬餘字，劉三吾等人狠狠的刪掉了其中八十五章，出版了一本書叫做《孟子節文》，完整版的《孟子》遂被列為禁書，科舉不以之取士，考試不以之命題，想從此把它打入冷宮。儘管劉三吾承皇帝之命編了這本《孟子節文》，並將原版《孟子》列為禁書，《孟子》原書並未從此湮滅，政治權力的護航，並不足以作為人心歸向的擔保，《孟子》一書仍舊廣為流傳。

由這段史實看來，孟子民主思想的活力並不因為時空的改變而有所減弱。所以孟子儘管已經死了二千餘年，他的思想仍挾帶巨大的力量，使得似乎有點過度敏感的明太祖幾乎為之瘋狂，並將之視為可惡的敵人，亟欲除之而後快。造成明太祖如此仇視孟子的原因，在於孟子的民主政治思想對君主專制政權具有極為強烈的破壞性與顛覆性。孟子思想被排斥及刪除的部分，全是孟子民主政治思想的精華所在。這些被刪的思想精華在當時的科舉考試中也完全被禁止出題命試，由此可見孟子的民主政治思想對專制帝王而言，真猶如洪水猛獸一樣可怕啊！

孟子思想的意義及影響並不侷限於中國，在鄰近的日本亦深受孟子思想灌溉。在日本歷史上持續將近三百年之久的德川時代（西元一六〇三～一八六七年）即深受孟子思想的影響。在上野之戰中，明治天皇打敗德川最後一代的幕府，江戶從此易名為東京，現代日本歷史於焉展開。在日本德川時代以來，皇太子的養成教育裡，《四書》都是必修的課程。與明朝朱元璋對孟子思想的排斥一樣，《論語》、《大學》、

《中庸》所闡述的思想與價值，均可以為統治階層所接受。然而，《孟子》書中深刻的批判色彩，以人民為根本的民主主張，儘管換了時空，變了容顏，不變的卻是又一次挑戰統治階層的權威，日本這個深受中國文化薰陶的國家當然也不可能例外。當時日本宮廷的講官，在教皇太子讀書前，會先針對《孟子》一書做一番思想檢查，並在課本中用紅筆註明，自某章某句以下數章，或以下若干字，請皇上不必閱讀。那些東西就叫做「御讀禁忌」，這些有朱筆批點的所謂「御讀禁忌」的《孟子》，現在收藏在日本京都大學總圖書館的《清家文庫》中。

第二章：領導者的自我修煉

孟子曰：「天下之本在國，國之本在家，家之本在身。」所謂「修身、治國、平天下」，最基礎的就是要從「修身」開始。孟子關於這方面有詳盡的闡述，認為「大人者，正己而物正也」，「賢者以其昭昭，使人昭昭」。管理者想要有效的指揮下屬，應當注意培養和提高自身的綜合素質。美國著名公司管理大師馬克白曾經說過一句很簡單、意義卻很深的話：「管理人的能力首先不在於如何指揮別人，而在於如何指揮自己跳出最美的舞蹈。」「舞蹈」即是指管理者應當具備教練的素質和能力。

上有好者，下必有甚焉者矣。君子之德，風也；小人之德，草也。草上之風，必偃。

【語譯】

在上位的人有什麼喜歡，下面的人一定會喜好得更厲害。領導者的德行是風，人民的德行是草，草受風吹，必然隨風倒。

【原文釋評】

要治國、平天下，必須先修身，先正己，才能正人。

孟子指出，領導者有什麼喜歡，下屬的人就會跟從。領導者是帶領企業發展的指揮者，只有管理者自己首先做好表率，下面的人才會跟從。領導者乃是下屬的榜樣，他的言談舉止、音容笑貌、喜怒哀樂，直接影響到部屬。如果他自身的行為規範得體，即使不制定任何法令（規章）制度，人們也能自然的效法他的行為，走正道，做正事。然而，如果他自身的行為不正，胡作非為，即使制定嚴格的法令、法規，人們也不會執行。

【經典案例】

曹操當年在軍中能享有較高的威望，大小將士都樂於為他賣命，對他唯命是從，很大程度上是因為他能從自己做起，以此使將士心服口服。

在壽春城大戰袁術後曾發生過這麼一件事：曹操班師回府時，路經一處麥田，曹操傳令大小將校，不得踐踏麥禾，違者處斬。事也奇巧，曹操的坐騎受驚亂跑，踩壞了大片麥田。事情發生以後，曹操不願破壞自己制定的法紀，便找來行軍主簿，要他依法處治自己，主簿不敢，曹操深明大義，說：「吾自制法，吾自犯之，何以服眾？」於是抽劍就要自刎。眾人再三勸說以後，曹操於是採取折衷的辦法：割髮代首。三軍見此，哪個人還敢說話？

這樣看來，先做出樣子對領導者建立威信、取得成績十分重要。在台上說得口沫橫飛，還不如身體力行做一次來得有鼓動性，有號召力。嘴上說得天花亂墜，說得振振有詞，做起來又是另一套，倒不如不說不做。因為這樣言行不一，無異於在臉上刻下「偽君子」幾個字，讓人看了驟生反感之心。一個領導者只有嚴格的要求自己，發揮表率作用，才能服眾。更何況，己欲立而立人，己欲達而達人。只有自己願意做的事，才能要求別人也去做；只有自己能夠做到的事，才能要求別人也去做到。

善養吾浩然之氣……

其為氣，至大至剛，以直養而無害，則塞於天地之間。

【語譯】

善於培養自己的浩然之氣……

這種氣極端浩大，極端有力量，用正直去培養它，不加以傷害，就會充滿天地之間。

【原文釋評】

孟子的這句話可以作為領導者畢生追求的人生格言。白居易有詩曰：「堯舜揖讓三杯酒，湯武征誅一局棋。」領導者的修養有四個層次，體會天地長久不衰的廣大德性，效法天地自強不息的健行精神，修養天地清剛浩大的正氣，這是第一個修養層次。以天地為法式才顯得博大、高明，這是第二個修養層次。不注重我字，不注意私字，這是第三個修養層次。平常人的修養尚可從近處、小處著手，領導者的修養要從遠處、大處著手，才能有所作為，有所成就，才能盡性立命，頂天立地，這是第四個修養層次。

老子說：「道大，天大，地大、人亦大。域中有四大，而人居其一焉。」人能體會天地之道而存養天地之氣，也就是孟子所說的至大至剛，能充滿天地的浩然正氣。正氣在得志時能經天緯地，正氣在貧窮時能恪守道義。孔子說：「朝聞道，夕死可矣。」在生死關頭，當道存在我就存在，當道消失我就死亡。眼前見到的只是道，不考慮我的生死。為道而死，也就是通常說的氣節或節操，也就是殺身成仁、捨生取義、視死如歸的節操。正氣不能培養，邪氣必然產生。「思則得之，不思則不得也。」節操不確立，人格便喪失。這樣不是家中的忤逆之子，就是社會的害群之馬；不是社會的奸人，就是人類的蟊賊。

【經典案例】

西漢將軍霍去病，以「匈奴未死，何以為家」的精神，戎馬一生，戰績赫赫，戰死他鄉，終年僅二十四歲。東漢班超，出使西域，以「不入虎穴，焉得虎子」的英勇氣概，沉重打擊匈奴的勢力，恢復西域和內地的密切聯繫。宋代辛棄疾，以「男兒到死心似鐵」的不屈意志，在妥協、投降派的阻撓、打擊下，為了收復被侵佔的失地奔走、奮戰一生。南宋末年，元軍大舉南下，緊要關頭，丞相文天祥領兵抗敵，不幸於潮陽戰敗被俘，被押解到大都（今北京）拘禁。在大都，他被囚禁了三年，住的是低窄陰暗的土室，受盡磨難，但是他忍受敵人的一切威逼利誘，在獄中寫成《正氣歌》，表現不屈不撓的鬥爭精神和高尚的民族氣節，最後慨然就義。他那千古流傳的「人生自古誰無死，留取丹心照汗青」的詩句，至今為人們所吟誦。

明代海瑞，看到嘉靖皇帝殘暴昏庸，人民苦難沉重，毅然為自己置備棺木，訣別妻兒親友，上書直斥嘉靖皇帝。戚繼光，以「封侯非我意，但願海波平」的坦蕩胸懷和非凡抱負，率軍痛剿東南沿海的倭寇，保衛邊疆國防。清代老將關天培，在鴉片戰爭英軍進攻虎門的戰鬥開始時，將幾件舊衣服和幾顆脫落的牙齒裝入木匣寄回家，以示死戰之決心，戰場上親自上陣殺敵，壯烈犧牲。鄧世昌，中日甲午海戰中，指揮受傷的「致遠艦」開足馬力，向日軍「吉野」艦撞去，與之同歸於盡。著名人物譚嗣同，在變法失敗後拒絕出走，甘為變法流血犧牲，以「我自橫刀向天笑，去留肝膽兩崑崙」的正氣之歌喚醒後來者的覺醒。

「居天下之廣居，立天下之正位，行天下之大道。得志，與民由之，不得志，獨行其道。」

浩然正氣包括壯氣、豪氣、逸氣、清氣。

臨淵不懼，臨危不驚；寧死不屈，寧折不彎；寧拋頭顱、灑熱血，不失節操；國難當頭能憤然而起，危急時刻敢捨身成仁。「富貴不能淫，貧賤不能移，威武不能屈。」此是壯氣。

臨風把酒，橫槊賦詩；壯心不已，志在千里；天生我材必有用，千金散盡還復來；孟子有云：「如欲平治天下，當今之世，捨我其誰也？」此是豪氣。

不以物喜，不以己悲。即使在人生最低潮的時刻，也能沐江山之風月，駕凌波之扁舟，舉杯邀月，遊目騁懷；不求與日月相始終，只見今世之樂趣無窮。此是逸氣。

與自然天地相應合，春蟲秋蟬，聲聲入耳，夏雨冬雪，皆可濯心扉，萬物靜觀皆自得，四時佳興與人同；見花放水流，能知其樂趣，聽禽鳴天籟，可悟其天真。此是清氣。

這壯氣、豪氣、逸氣、清氣，合在一起，便是君子所有的正氣，也是具有不竭生命力的浩然正氣。

領導者以正氣來工作便能自忠，以正氣來做事便能自敬，以正氣來理財便能自廉，以正氣來交友便能自誠，以正氣來養心便能自謹。

人病捨其田而芸人之田，所求於人者重，而所以自任者輕

【語譯】

現在人們的毛病往往在於放棄自己的田地不耕種，卻跑到別人的田地裡除草，要求別人很嚴格，要求自己卻很寬鬆。

【原文釋評】

一個人想要獲得別人的尊重，你就必須具有他人所沒有的優秀品格。作為一個企業管理人員更是如此，如果你不具有此種獨特的風格，你很難獲得下屬的尊敬，而在此特質中，最重要的就是管理者本人的自我要求，這一點其實是很重要的，有一句話叫做「正已才能正人」，說的就是這個道理。孟子首先用一個故事來比喻，從前有一個人放著自己家裡的良田不耕作，反而跑到別人的田地除草，當作助人為樂。比喻人們總是對別人要求嚴格，對自己卻放任輕鬆。一個企業的領導者更是要嚴格要求自己，才能獲得下屬的忠心，才有統率力。否則，你將只是一個空殼，毫無威信可言。

試問，你對自己的要求遠甚於下屬嗎？要知道這種態度和涵養是你身為領導者所必需的。一天到晚為自己打算的人，絕非一個優秀的管理者，要知道在你做這些努力的過程中，你的一舉一動都逃不過下屬的

觀察，你的一切努力都不會白費，他們內心會如此想：

「這位主管看來是足以信任的。」

「依此看來，他是值得尊敬的。」

讓人遺憾的是，多數主管總是忽視或沒有能力做到「自我要求」，遇事總是喜歡歸咎於他人。譬如一個公司應該開發新產品，趕緊召開員工大會，一個無能的主管常為自己大腦空空而坦然，卻在抱怨別人：「這些傢伙都是廢物，竟然提不出一個新構想！」其實，新構想不能全靠下屬構思，身為主管應該先動動腦筋：先制定框架，或先指明方向，然後再要求下屬全力籌畫，這樣靠著雙方的努力把目標順利達成多好啊！如果只是把責任全部推給下屬，即使事情成功了，你也會失去一個在下屬心中贏得信任的絕佳機會。如果是這樣，下屬們會怎樣看你呢？要知道，如果你的下屬在心裡對你沒有好感，你就別想讓他們很好的服從你。公司裡有能力的下屬可能表面上為你奮鬥，暗地裡卻在想盡辦法取代你的位置。在一個企業裡，下屬之所以服從你，其理由往往不外乎以下兩種：

■ 因為主管地位既高，權力又大，不服從則會遭到制裁。

■ 因為主管對事情的想法、看法、知識和經驗較自己高一籌。跟著他做事，不用擔心出錯。

在這兩個條件中缺少一項，下屬都可能離你而去，或者與你分庭抗禮，勢不兩立。

有一句話叫做「善為人者能自為，善治人者能自治。」一個公司的業務能否在激烈競爭的潮流中得到發展，關鍵之處還在於領導者是否有正確的自律意識。領導者只有嚴於律己，以身作則，才能建立人人遵守的工作制度。例如說要求公司的員工遵守時間，主管首先要做出榜樣；要求下屬對自己的行為負責，老闆也必須明白自己的職責，並對自己的行為負責。只有嚴於律己的領導者，才能調動其下屬的自覺性，並影響他們朝著良性的方向發展。

培養良好的自律性，成為下屬員工的表率，最好能參照以下幾點建議來要求自己：

樂於接受監督。日本「最佳」電器株式會社社長北田先生，為了培養自我約束能力，自己創立一套「金魚缸」式的管理方法。他解釋說，員工的眼睛是雪亮的，領導者的一舉一動，員工們都看在眼裡，如果誰以權謀私，員工們知道了就會瞧不起你。「金魚缸」式管理就是明確提出要提高管理工作的透明度，管理的透明度變大，把每個下屬置於眾人監督之下，每個人自然就會加強自我約束。麥當勞公司曾經一度出現嚴重虧損，公司總裁親自到各公司、各部門檢查工作，發現各公司部門的主管都習慣坐在高靠背椅上比手畫腳。於是他向麥當勞速食店發出指示，必須把所有主管坐的椅背鋸掉，以此促使主管深入現場發現問題，這一招竟使麥當勞公司經營狀況獲得極大的轉機。因為老闆和員工們同乘著一條船，只有平時同甘共苦，情況緊急時才會同舟共濟。

保持清廉儉樸。作為一個公司領導者，應該清楚你的節儉行為，不管大小，都具有很強的導向作用。領導者的言行舉止是下屬關注的中心和模仿的樣板。王永慶曾說：「勤儉是我們最大的優勢，放蕩無度是最大的錯誤。」他是這樣說的，也是這樣做的。在台塑內部，一個裝文件的信封他可以連續使用三十次，肥皂剩一小塊，還要黏在整塊肥皂上繼續使用。王永慶認為：「雖然是一分錢的東西，也要撿起來加以利用。這不是小氣，而是一種精神，一種良好的習慣。」由此可見，想成為一個卓越的領導者相當不容易，清廉儉樸這一點，你應該努力做到。

一個嚴於律己的老闆總是能受到員工更多的歡迎，也才能影響員工以更積極的心態工作。

挾太山以超北海，語人曰：「我不能」，是誠不能也。為長者折枝，語人曰：「我不能」，是不為也，非不能也。

【語譯】

要一個人把泰山夾在手臂下面跳過北海，這是真的做不到，確實不能。要一個人為老年人折一根枝椏說做不到，那是沒有人會相信的。

【原文釋評】

孟子把施行仁政比喻成為老年人折枝一類的事，認為是很容易，以此來說服梁惠王，希望他能推行仁政。這是梁惠王問孟子不為與不能之間的區別時，孟子給予的明確的答案。孟子這樣說的目的主要是希望管理者不要找藉口推託。

當然，作為管理者本身而言，其基本的素質之一就是不要找藉口。遇事能夠迎難而上，才能帶領員工向前發展。如果遇事就找藉口推託，無論如何，也成不了大事。

一個懼怕挑戰的管理者，總會為自己未能實現某種目標找出無數個理由。一旦他們心裡排斥某個想法，他們就有不實現這個想法的理由。

喜歡發牢騷、抱怨不幸的人曾經都有過夢想，卻始終無法實現。為什麼呢？因為他們有「找藉口」的毛病。

【經典案例】

傑克是一個長期在公司底層工作，直到現在還時時面臨失業危險的人。在一次與朋友的聚會上，他神情激昂，言語氣憤的抱怨老闆不願意給自己機會。

「你為什麼不自己爭取呢？」朋友問他。

「我曾經也爭取過，但是我不認為那是一個機會。」他依然義憤填膺。

「能告訴我那是什麼嗎？」

「前些日子，公司派我去海外營業部，但是我覺得像我這樣的年紀，怎麼能經受如此折磨呢？」

「為什麼你會認為這是一個折磨，而不是一個機會呢？」

「難道你看不出來嗎？公司本部有那麼多職位，卻讓我去如此遙遠的地方。我有心臟病，這一點公司所有的人都知道。」

我們無法確認是否公司所有的人都知道這位傑克先生有心臟病，如果有，真希望他火氣不要那麼大。但是毫無疑問，他犯了一種最嚴重的職業病：推諉病。

與之截然相反的是體育界的成功者羅傑•布萊克。他的傑出並不在於他非凡的令人矚目的競技成績——他曾經獲得奧林匹克運動會四百公尺銀牌和世界錦標賽四百公尺接力賽金牌。更讓人感動的是，所有的成績都是在他患有心臟病的情況下取得的。

除了家人、親密的朋友和醫生等僅有的幾個人知道其病情之外，他沒有向外界公佈任何消息。帶著心臟病從事這種運動量激烈的競技項目，不僅很難有出色的發揮，而且有可能危及生命安全。第一次獲得銀牌以後，他對自己依然不滿意。如果他告訴人們自己真實的身體狀況，即使在運動生涯中半途而廢，也會獲得人們的理解。但是羅傑卻說：「我不想小題大做。即使我失敗，也不想將疾病當成自己的藉口。」作為世界級的運動員，這種精神一直存在於他的整個職業生涯中。

善於找藉口的人，總會失去各種機會。成功者不善於也不需要找尋任何藉口，因為他們能為自己的行為和目標負責，也能享受自己努力的成果。

一般人都會說：「我不做這件事情是有原因的。」

如果你回應他說：「是的，如果你想給自己找藉口。」

「不！這不是藉口，而是理由。」他肯定會這樣辯解。

一個人在面臨挑戰時，總會為自己未能實現某種目標找出無數個理由。正確的做法是，拋棄所有的藉口，找出解決問題的方法。二者之間的區別就在於態度，你選擇哪一種呢？

實現自己的目標，取得成功的人，並非有超凡的能力，而是有超凡的心態。他們能積極抓住機會，創造機會，而不是一遭遇困境就退避三舍，尋找藉口。

想想看，你能費盡心思找出各種藉口，難道連一件簡單的工作都做不好嗎？如果一天到晚總想著如何欺瞞的人，肯將一半的精力和創意用到正途上，他們一定可以在任何事情上都有可能取得卓越的成就。如果你善於尋找藉口，試著將找藉口的創造力用於尋找解決問題的方法上，也許情形會大為不同。

習慣性的拖延者通常也是製造藉口與託詞的專家。如果你存心拖延、逃避，你就能找出成千上萬個理由來辯解為什麼事情無法完成，而對為什麼事情應該完成的理由卻想得少之又少。事實上，把事情「太困難、太花時間」種種理由合理化，的確要比相信「只要我們努力、勤奮就能完成任何事」的念頭容易得多。

如果你發現自己經常為了沒有做某些事而製造藉口，或是想出千百個理由為事情未能按照計畫實施而辯解，你最好還是自我反省一番。別再做無謂的解釋，動手做事吧！找藉口已經浪費你很多的時間。

人有不為也，而後可以有為

【語譯】

人要有所不為，然後才能有所為。

【原文釋評】

孟子指出，作為一個管理者，要知道該做什麼和該怎麼做，這裡所說的並不是「不為」，而是先冷靜分析，選擇自己的目標，而後展翅高飛，有所作為。作為一個領導者、企業之首，是企業的決策者，直接影響企業的發展方向。領導者要具備有所不為和有所為的能力，帶領企業向前發展。

【經典案例】

人們都知道松下、日立、索尼，也都知道豐田、本田，卻很少有人知道日本的西武集團。它從二十世紀七〇年代起，在第二代掌門人堤義明的領導之下，實現飛躍，與新日本鋼鐵公司、三菱重工業集團並列為日本最大的企業集團。它總共擁有一百七十多家大規模企業，員工逾十萬人，經營的業務涉及鐵路、運輸、百貨公司、房地產、飲食業、高爾夫球、職業棒球隊、學校、研究所等一百多個類別。

在日本，沒有一個地方沒有西武集團；在國外，西武集團的旗幟隨處可見。這家世界性的超大型企業素有「西武軍團」之稱。

在世界著名財經雜誌《富比士》公佈的全球最富有的企業家排名中，堤義明在一九八七、一九八八年連續兩年雄居第一位，被認為在世界上刮起了「堤義明旋風」。其實，「堤義明旋風」是從「有所不為後有所為」開始。

堤義明一九三四年出生，是一個靦腆、溫順、不起眼的孩子，但是考入早稻田大學之後，堤義明發生根本性的轉變，他富有主見，精力充沛，雄心勃勃。他和幾位好友一起創辦早稻田大學觀光學會，發動學生到西武企業打工，表現出較強的企劃能力和實踐能力，被同學們推舉為領袖。

是什麼使堤義明有如此大的改變？

這要歸功於他的父親堤康次郎。堤康次郎不但是一個合格的父親，更是一個出色的企業家，他知道自己的任務就是培養西武企業的第二代當家人。堤康次郎常常與堤義明到離家不遠的公園散步，灌輸給兒子待人處世和經營企業的道理，決定培養堤義明為西武企業的繼承人。

有一天，堤康次郎把堤義明叫到自己的房間，神情極其莊重的說：「千萬記住，在我死後，一定要照我的辦法做，只有做到有所不為後有所為，才能守住我留下的產業。要把目光放遠下，明確自己的目標，然後有所為。

兒子遵守父親的訓誡。一九六四年到一九七四年，堤義明靜觀事變，眼看著急於求成的企業家們在這段時間裡紛紛落馬。

堤義明接管家業的第二年，日本進入工業興盛時代，工商企業蓬勃發展，土地投資更是一本萬利的生意。然而，堤義明卻決定退出地產界。

此消息在日本企業界震驚全日本的業界人士。二十世紀六〇年代中期，在日本每個人都相信，炒房地產就等於自己印鈔票。有人開始懷疑堤義明的能力是否可以應付一個大企業的經營要求。有人開始中傷堤義明，說他是沒有頭腦的笨蛋。

他手下的八大要員，大部分都主張繼續在土地方面擴大投資，以便謀求最大利益，但是沒想到堤義明完全否決土地投資的建議。

堤義明在最高決策會議上，面對年齡比他大、經驗比他豐富的高層主管這樣說：「我已經預測到，土地投資的好景已經過了，供需要講平衡，大家猛炒地皮的結果，把正常的供需狀態破壞，我看很快就會出現失衡的大問題。」

他的兄弟和手下八大高手，沒有幾個人同意他的決定。

堤義明是總決策人，他當機立斷：

「我們公司必須做出明智決定，如果全體一致同意，事情就不妙了，全體一致主張，時常有毛病。現在大家不同意我的想法，我知道我一個人對，你們全都沒看出這行業的風雨即將來臨，危險得很。我決定了，大家照我的話去做吧！」

堤義明外表沉靜，他內心卻活躍得很。堤義明很小心的收集到足夠的情報，經過分析，才做出這個明確而又果斷的決定。他預計土地的生意不可為，眼前的好景也只能維持幾年。土地的問題是供過於求，只有及時收手，才不至於在大災難到來的時候遍體鱗傷。

堤義明的看法果然沒錯，往後的時間裡，土地投資者在炒賣的漩渦裡受盡折磨，很多地產投機者都陷入困境。

光守業，靠不為，不能刮起「堤義明旋風」。

十年甘於寂寞，到了一九七五年，堤義明在一百多種事業中全面出擊，酒店業、娛樂場、棒球隊等項目上的投資，捷報頻傳……

這裡的不為，不是無為，而是靜觀以待後有所為，這裡的不為，是在沉寂的表象之下，積聚爆發與突破的力量。

企業家應該是站在最熱鬧的岸邊而不弄濕鞋的那一種人，這才是管理的真諦。

君子深造之以道，欲其自得之也

【語譯】

君子遵循一定的方法加深造詣，是希望自己有所獲得。

【原文釋評】

孟子非常注意學習，認為一個人要隨時學習，要不斷深造自己，孟子的這種學習精神非常值得我們借鑒。現代社會已經進入知識經濟時代，各種新學科、新知識層出不窮，管理者想要與時俱進，就要不斷的武裝自己，學習守住成功、發展成功所需要的各類新知識。要知道學習是一項終身職業，在學習的道路上，誰若想停下腳步，就一定會落後他人。作為一個領導者，若以此自傲，不繼續學習，最終會被後來者所超越。

「現在學什麼？」「學得怎麼樣？」這些話已經逐漸取代「你好，吃飽了嗎？」成為現在人們見面打招呼的一股新興潮流。由此，我們可以看出，人們對學習，對適應時代的重視。

知識經濟時代，隨著網路資訊技術日新月異的飛速發展，管理者如果不隨時給自己充電，不斷學習，就可能被這個社會淘汰，迅速喪失自己的能力。所以，無論在何時何地，每一個現代企業管理者都不要忘記給自己充電。尤其是在競爭激烈的工商業界，需要隨時充實自己，奠定雄厚的實力，否則就難以生存。一個有衝勁的人，不時的學習，就不會被社會淘汰。

要注意的是現在的學習除了要勤奮努力，能吃苦以外，還要有一種嶄新的學習觀念。它就是學習的觀念，尤其在現在這個時代，沒有學習的觀念你將無法適應日新月異的變化。

可是，書本的知識只是基礎，需要用自己的理解力將其消化吸收才可以，社會是一本更大的書，需要不斷的翻閱。

現代生活的節奏已經大大加快，我們必須抱定這樣的信念：活到老學到老。你也應當記住：**一刻也不放鬆的人，是最難勝過的勁敵。**

對於新的工作，有的人可以立刻得到要領而靈巧的掌握，這實在很難得，但是這種人通常在中途就放棄。

與此相反，剛開始不清楚情況而做事不順利的人，經過多方請教，同時自己也認真用功並持續保持這種態度，一定會獲得很大的成就。

人們都是由別人的幫助與指導才逐漸成長，例如雙親、師長、朋友等的指導，在適當的時候適當的施予，才能完成一個人的正常成長。更重要的，就是對這種幫助與教導要自動的學習吸收。

許多人從學校畢業以後，進入社會就失去進修的動力，這種人以後都不會再有什麼進步。反過來，學生時代就算不顯眼，但是進入社會後仍然勤勉踏實的進修，自動學習應該學的事，一般都會有長足的進步。

這種人才是真正的「大器晚成」的人。你的工作每天都會有新的情況、新的挑戰，你每天都要面對新事物，學習與生活相伴，生活就是學習。

對一份工作，很多人做一段時間就覺得沒有意思，想換一份工作。現代社會的機會很多，你只要天天學習，就會有進步，你的生活就會富有生機。若能將這份工作當作一生的工作而埋頭苦幹，不斷進修，不停創造新的東西，始終能「活到老學到老」，這個人的進步一定是無窮的，這種人就能每天以愉快的心情，有效率的做自己的工作。這樣他自然就有希望，不至於失去理想，當然也不覺得疲倦。

今有人日攘其鄰之雞者，或告之曰：「是非君子之道！」曰：「請損之，月攘一雞，以待來年，然後已。」

【語譯】

從前有個人每天偷鄰居的一隻雞，有人告誡他說：「這是不道德的行為！」這個偷雞賊便說：「請讓我先減少一些，每月偷一隻，等到明年再徹底洗手不幹。」

【原文釋評】

孟子請梁惠王以減輕賦稅的方式，減輕人民的負擔，梁惠王卻說不能一下子做到，要慢慢實行。孟子針對梁惠王這種找藉口的說法，就做了一個偷雞賊的比喻。孟子嚴厲的指出，既然知道是錯，就要毫不猶豫、堅決果斷的執行。從孟子的話當中，我們得到相當大的啟示。優柔寡斷的人成不了大事。管理者做決策時，當判斷一件事情是正確的時候，就應該毫不猶豫的執行，才能收到效果。

優柔寡斷的人往往與成大事無緣。這樣的人在成大事的機會來臨時不敢把握，當然也就與成功擦肩而過。

遇事優柔寡斷，拿不定主意，這是管理中常見的現象。心理學家認為，人在做事時所表現的這種拿不定主意、優柔寡斷的心理現象是意志薄弱的表現。

不要追求盡善。「金無足赤，人無完人」，只要不違背大原則，就可以決定取捨。

為什麼有些人做事容易優柔寡斷？心理學家認為，對問題的本質缺乏清晰的認識，是使人做事拿不定主意，並產生心理衝突的原因。只要留心觀察，就不難發現優柔寡斷多發生在年輕的管理者身上，這是因為他們涉世未深，經驗不足，對一些事物缺乏必要的知識和經驗的緣故。俗話說：「一朝被蛇咬，十年怕草繩。」一旦遇到類似的情境，便產生消極的條件反射，躊躇不已。

一般說來，優柔寡斷者大都具有以下的性格特徵：缺乏自信，感情脆弱，易受暗示，在團體中隨波逐流，過分小心謹慎。

這種人從小就在倍受溺愛的家庭中長大，過著「茶來伸手，飯來張口」的生活，父母、兄弟姐妹是其支柱。這種人一旦獨自走上社會，做事容易出現優柔寡斷的現象。

另一種情況是家庭從小管束太嚴，這種教育方式教出來的人只能循規蹈矩，不敢越雷池一步。一旦情況發生變化，他們就擔心不合要求，在動機上左右徘徊，拿不定主意。

怎樣克服做事拿不定主意、優柔寡斷的毛病呢？

培養自信、自主、自強、自立的勇氣和信心，培養自己性格、意志獨立的良好品格。

心理學家認為，人的決策水準與其所具有的知識經驗有很大的關係。一個人的知識經驗愈豐富，其決策水準愈高；反之則愈低。

「凡事豫則立，不豫則廢。」平時經常動腦筋，勤學多思是關鍵時刻有主見的前提和基礎。

排除外界干擾和暗示，穩定情緒，由此及彼、由表及裡仔細分析，亦有助於培養果斷的意志。

猶豫，如果有，你便會被擠到沒有機會的死水中。

其實，眾人皆有猶豫，但是並非所有情況都會在同時發生，它甚至根本不會發生，因為猶豫是來自自己的想像，只要有堅強的意志力便能將之克服。若能瞭解這些，接下來的問題就只是如何去克服。

每當面臨一個新的機會，在斟酌得失之間，猶豫便會在你的內心裡悄然出現，阻撓你制勝的決心。這雖然是每個人都有的心理變化，但是若不趁早加以克服，便將慢慢累積擴大，當它佔據你的內心，就難以救治。如果你正保持著維持現狀的觀念，即應早日醫治，阻止病菌繼續蔓延，進而將殘留在體內的病源完全根除，以免到頭來後悔不已！

【經典案例】

美國前總統林肯，在他上任後不久，有一次將六個幕僚召集在一起開會。林肯提出一個重要法案，但是幕僚們的看法並不一致，於是七個人便熱烈的爭論。林肯在仔細聽取其他六個人的意見後，仍然感到自己是正確的。在最後決策的時候，六個幕僚一致反對林肯的意見，但是林肯仍然固執己見，他說：「雖然只有我一個人贊成，但是我仍然要宣佈，這個法案通過了。」

表面上看來，林肯這種忽視多數人意見的做法似乎過於獨斷專行。其實，林肯已經仔細的瞭解其他六個人的看法並且經過深思熟慮，認定自己的方案最合理；其他六個人持反對意見，只是一個條件反射，有的人甚至是人云亦云，根本就沒有認真考慮這個方案。既然如此，自然應該力排眾議，堅持己見。因為，所謂討論，無非就是從各種不同的意見中選擇出一個最合理的。既然自己是對的，還有什麼好猶豫呢？

在企業中，經常會遇到這種情況：新的意見和想法一經提出，必定會有反對者。其中有對新意見不甚瞭解的人，也有為反對而反對的人。在反對聲中，領導者猶如鶴立雞群，陷於孤立之境。這種時候，領導者不要害怕孤立。對於不瞭解的人，要懷著熱忱，耐心的向他說明道理，使反對者變成贊成者。對於為反對而反對的人，任你怎麼說，恐怕他們也不會接受，就乾脆不要希望他們贊同。

重要的是你的提議和決策是對的，只要自己有道理，就應該堅決的貫徹。

決斷不能由多數人做出，多數人的意見是要聽的，但做出決斷的是一個人。

消除猶豫的方法，只有從正面迎擊，別無他法。因為猶豫一旦被姑息，便會常留在你的身邊，把機會從你身旁逼走。因此，為了能獲得機會，就必須消除猶豫。完成這個步驟，接下來忙不完的工作便會迎面而來，多得使你不得不從中選擇機會，會讓你沒有時間考慮害怕的問題。

優柔寡斷不僅浪費成大事的機會，還有可能讓你與成功擦肩而過。如果你現在心裡有尚未完成而需要完成的事，切勿遲疑，趕快開始行動吧！

如欲平治天下，當今之世，捨我其誰也？

【語譯】

如果想天下太平，在當今這個世界上，除了我還有誰呢？

【原文釋評】

這是孟子學生問孟子時，孟子的回答。我們可以看到孟子「以天下為己任」的責任感和使命感，作為一個管理者，你永遠不要缺少責任，否則你永遠也不會成為管理者！

布穀鳥一聲聲的啼叫著，它怕過了時節的種植會給農人帶來顆粒無收的歎息，帶來生活上的困苦，這是牠對農人們的生活放不下心的牽掛；布穀鳥一圈圈的在農田上空巡迴飛翔，牠怕農人的懈怠會讓孕育著希望的田野變得荒蕪，這是牠對大地的豐收卸不下的希冀。

布穀鳥對農人疾苦的關心，對大地豐收的期待讓人不能不感動，而這小小的鳥兒，懷著高度的責任感，拍動雙翅，帶領農人走向田間的行為，更讓人不能不敬佩。

在從事工作的人應當具備的品格中，責任感是那樣樸素而又十分可貴。沒有責任感的人不僅不堪大用，即使小用，也令人擔心。

責任感反映一個人的精神境界。有責任感的人，明顯的優點是他們絕不是個人中心主義者，他人的、團體的、公司的利益總是先於自己的利益。

在平時工作的時候，有責任感的人總是毫不猶豫的負重前行，絕不會袖手旁觀；在緊要關頭的危急時刻，有責任感的人總是擔負責任、挺身而出，絕不會逃避後退。

作為一個企業的最高管理者，他所具有的學識、能力、才華固然很重要，但是如果缺乏責任感，就會讓團隊止步不前，取得零的成績，甚至最後崩潰解體。

責任感落實到日常工作中就是關乎細微的責任心。人們都熟悉的白衣天使南丁格爾，她的偉大來自平凡。她把護理工作看成是一種關乎人的生命、尊嚴乃至人類文明的神聖事業，這些恰恰是透過諸如採光、通風、消毒、伙食、臥具等細緻周到的關愛表現出來。

【經典案例】

德國一家工程公司簽下一個合約，是給一個小公寓裝修改造，公司老闆多施內爾先生親自帶了兩名工人來做。

他們工作十分認真，而且每天收工的時候，都要用自己帶來的吸塵器等工具將施工現場打掃得乾乾淨淨，把當天的施工廢料全部帶走，暫時拿不走的大型工具和材料也都擺放整齊。

他們甚至抽煙都不在屋裡，儘管當時是一月份，天氣很冷，但是每次抽煙他們都要跑到室外。老闆說因為沒有看到屋子裡有煙灰缸，這說明主人不抽煙，所以他不能汙染房主室內的空氣。

由於剛開始對施工難度估計不足，眼看快到要求完工的日期，但是工程進度不理想。多施內爾先生和工人延長工作時間，中午簡單的吃點帶來的三明治便馬上繼續工作。到了合約規定的最後一天，他們在徵得主人同意之後，一直做到深夜兩點，終於完工。

這之前，屋主已經說過，他們可以先回去，明天再做，不算他們違約。但是多施內爾先生說，他以後幾天工作日程都已經排滿了，如果今天這裡不能完工，他就只能以後抽空來這裡做，這樣就會將工期拖延好幾天。

這位德國人是如此周到、認真，堅持原則，只是因為他有高度的責任感。他要為工程品質負責，要為合約的約定負責，要為屋主的利益負責，更要為給工人一個好的帶頭作用而負責。

一個有責任感的管理者，同時一定會有勤奮、認真、忠於職守這些優秀的品格和良好的職業道德，因為強烈的責任感，會迫使一個人努力約束自己，養成許多好品格。

人們從事的工作不同，能力和作用不同，但無論是平凡的工作人員還是統管全局的領導者，繫於責任的就絕對沒有小事。

一顆鐵釘足以傾覆一列火車，一支火柴足以毀掉一片森林，一張處方足以決定一個人的生命。很多小錯誤，包括一些本來不該發生的重大安全事故，就是因為缺少責任心。

一個普通員工只有充滿責任感，才會自覺的努力去工作，為他本身，也為部門而工作。一個管理者只有充滿責任感，才會帶動整個團隊取得最大的成績，創造最高的價值。

公司管理者主要工作是對員工進行管理。當老闆認為需要增強員工對公司的責任感時，常常會與他們探討對策。然而，假如一個管理者與公司的其他員工一樣，也是公司風險的逃避者，在處理員工責任感的問題上，管理者往往會處於非常尷尬的境地。

一方面，他們是老闆對員工的代言人，有責任向員工宣傳責任感的重要性；另一方面，他們自己時常又不會有責任感。管理者長期處於這樣的境地，會使他們在責任感管理方面的工作難有成效。

所以，想成為管理者——企業的最高管理者，你必須要有高度的責任感。

責任感是領導者基本素質的一個重要方面。一個企業的領導者有無責任感或責任感強弱，可以從他所帶領的團隊的精神面貌中清晰的表現出來。

強大的團隊往往具有高遠志向、進取精神、嚴明紀律和一絲不苟的工作態度。當這個團隊遇到困難和風險的時候，不只領導者會站出來，員工們也會站出來，以奉獻和犧牲來分擔困難，排除風險，這樣的團隊將是不可戰勝的。

如果一個人對事業、對家庭、對朋友不負責任，他一定不會成功，一定為親屬所不齒，也一定難以在社會上立足。反過來，負責任的人，人人敬重。普通人都應該有責任感，更何況是一個企業管理者。

所以，想成為管理者——企業的最高管理者，就一定要有責任感，這是一種必備的職業道德。

一個企業，如果每個人都有責任感，都知道自己應該怎樣對得起這份責任，任何困難都會有辦法解決。只有企業的領導者、管理者負責任，有對企業、對股東、對工人的責任感，這個企業才會真正有成功的機會。

企業只有在不斷創新、不斷進取和有所作為的情況下才能存在，才能發展。作為企業最高管理階層的管理者，對待工作，你只能有一種態度：抱著做事業的心態，不單單把工作看作一種職業，還要把它看作是自己的神聖事業。這樣才可以不僅僅對自己的工作負責，還為企業負責，為團體負責，為員工負責。如果你的團隊現在很好，就想盡辦法讓它好上加好；如果發現哪些方面有待改善，則應該努力採取措施，調整改良，使企業不斷朝好的方面發展，使個人和團體都得到不斷的進步，這才是有責任感的管理者的良好心態。

如果抱的是打工的心態，天天守著舊制做事，交代的任務完成了就算萬事大吉，你不用負任何責任的行為，換來的結果就是——你也同樣不會有任何作為。因為這個企業一定不會有大的發展，你這個管理者的職業生涯也不會持續太久。

假如你想成為管理者，你千萬要記住：要是一個企業的管理者沒有高度責任感，就永遠沒有成功的可能，對他所帶領的團隊將是一個毀滅性的災難！

聖人，與我同類者

【語譯】

聖人，與我是同類的。

【原文釋評】

聖人其實與我們是一樣的，只需你有這樣的目標，努力追求，就能達到，作為一個管理者，更要有遠大的目標。

心有多大，舞台就有多大；志有多高，路就有多遠！

燕雀看見高飛的鴻鵠，不解的問：「這裡有吃有喝的，為什麼不停下來，還要去面對狂風暴雨的襲擊呢？」

鴻鵠坦然的一笑，回答說：「你們安樂於蓬草之間，我的目標卻是在遠方更為廣闊的天地。安於享樂，沒有高遠的志向，只會讓自己放棄遠大的前程，失去追求的目標，狹促在蓬草之間，難道你們不知道心有多大舞台就有多大的道理嗎？」

同樣的道理，作為一名優秀的管理者，遠大的目標是必須要有的。否則一旦失去對美好未來的追求，他就會安於現狀，失去工作的激情，更不會擁有任何的上進心，最終成為一個沒有遠大抱負的平庸之人。

【經典案例】

微軟的一位主管和微軟總裁比爾・蓋茲在主持面試的時候，同時有三個應徵者脫穎而出。最後，主管問他們：「進入微軟以後，你們有什麼打算？」

第一個人說：「能進入這麼偉大的企業工作是我的榮幸，我將盡全力做好自己的本職工作，爭取把份內的一切事情做到最好。」主管讚許的點了點頭。

第二個人說：「不瞞您說，我感覺自己的壓力很大，微軟是一個優秀人才聚集的地方，如果我能有幸進入，我希望適應的這段時期內不要犯什麼錯就好。」

第三個人則說：「每個人都希望有發揮自己才能的舞台，微軟正是一個發揮能力的好舞台，我希望能把任何一份工作都當成一個學習和累積的機會，最終成就一番大事業！」

比爾・蓋茲笑著問：「您所指的事業是指什麼呢？先生。」

那位應試者說：「和您一樣，先生。」前兩位面試者當中有一位是第三位面試者的朋友，他拼命的給第三個面試者使眼色。

沒想到，比爾・蓋茲說：「好，心有多大，舞台就有多大，既然你有雄心，我願意為你提供自己的大舞台。」

會後，面試官不解的問比爾・蓋茲：「那個人要麼是一個空想家，要麼是一個狂妄自大的傢伙，即使他真的有才能，從他說的話來看，他將來即使成功了，也不會再留在公司，為公司所用，為什麼還要錄取他呢？」

比爾・蓋茲說：「一個人能否取得成就，與他的志向有直接的關係，一個沒有大志向的人，即使再有才能，也不可能取得大的成績，因為他的人生目標早已被他的鼠目寸光羈絆了。也許像你擔心的一樣，他將來有所成就的時候可能會離開微軟，可是他為公司創造的利潤將會比任何普通員工都大。這對我們而言，並沒有失去什麼。」

果然不出比爾・蓋茲所料，微軟在錄取這三個人之後，前兩個工作都兢兢業業，成為合格的員工，最後一個人則工作出色，很快就進入公司的管理階層，為微軟的發展做出很大貢獻。

人生就好像爬山，最重要的是給自己定一個高度，如果你只把自己的人生目標定在半山腰，你就絕對不可能爬上榮譽的頂峰。

世界五百大企業之一的美國國際貿易公司的CEO詹姆士從業之初只是一個小職員，沒有任何家庭或者社會背景，當他回憶的時候說：「當時我只是一個窮小子，根本就沒想過會成為一家國際企業的管理者，更沒想到有一天自己會坐到今天這個位置。我只是在想著如何能解決自己的溫飽，一次偶然的事件讓我改變了想法。」

那時候，詹姆士還在一家名不見經傳的公司裡當推銷員，有一次他為了推銷一種殺蟲劑，敲開了一個老人的家門。老人一個人孤獨的住在一間房子裡，出於同情，詹姆士經常過來和老人聊天，很快的，兩人就成為無話不談的朋友。

原來，老人竟然是沉船打撈業內最著名的潛水夫之一——傑斯・瑞爾，老人談起自己以前的一些經歷，其中有一段話讓詹姆士感受頗深。

老人說：「海底打撈是一個看起來很渺茫的工作，你根本不瞭解你要去的地方是哪裡，在那裡你又會碰到什麼，你也不知道你今天到底要潛到什麼深度，這一切都是未知的。」

詹姆士問：「您又是怎麼堅持這麼多年呢？」

老人說：「是志向，我的朋友。我的志向就是要把那些沉睡在海底的寶藏和無盡的秘密展示到眾人的面前，一想到這個，我就會熱血沸騰。廣闊的海底世界，變成我一個人的舞台，其中的任何東西都成了我的道具，我是真正的主角，正是這種頗有成就的自豪感，支撐著我一直從事這項事業，並取得不少成功。」

老人拿出很多他以前打撈出來的沉船照片給詹姆士看，臉上洋溢著無限的幸福。

經過這件事情以後，詹姆士徹底拋棄以前只為了滿足溫飽的人生目的，把成為世界上最優秀的管理者作為自己人生的目標，他說他也要擁有一個廣闊的舞台——一個能展現自我的舞台！

後來，成功以後的詹姆士在回答記者時，這樣說：「當我認定自己要做一個什麼樣的人以後，以前一直困擾我的許多問題都迎刃而解，原來壓抑、沉悶的心情也一掃而光，就好像在很遠的地方亮起了一盞燈，原來你不知道自己該往哪走，而現在，雖然你離那盞燈還很遠，可是至少你不會迷失方向！」

停頓了一下，詹姆士繼續自豪的說：「這種感覺就好像是你原來站在漆黑的舞台上，根本就不敢動，然後所有的燈一下子全都打開，你可以清楚的看到周圍的一切，你可以盡你的才華進行表演。」

作為一個優秀的管理者，就要讓自己擁有一顆高遠的心，一個廣闊的舞台，在職場上點亮自己理想的明燈，盡情的揮灑自己的才華，最終獲得歷久不息的喝采與掌聲。

第三章：現代企業的人本管理

「民為貴，社稷次之，君為輕。」（《孟子．盡心下》）朱熹解釋說：「國以民為本。社稷亦為民而立，而君之尊又繫於二者之存亡。」（《四書集注》）按照孟子的說法，在社會的政治結構中，有人民、天子、諸侯、大夫幾個層級。如果天子失去人民，就不能做天子。在孟子看來，政權的更迭，君王的易位，都取決於人民的態度。在社會的政治管理結構中，人民是基礎，甚至產生決定性的作用。君和民相比，民的作用更重要。管理說到底是管人的藝術，「人」是一切管理的基礎。

民為貴，社稷次之，君為輕

【語譯】

人民最重要，代表國家的土神、穀神其次，國君為輕。

【原文釋評】

從孟子的民主思想中，完全可以看出企業人本管理的影子。人本管理是以人為本的管理，它把人視作管理的主要對象和企業最重要的資源，尊重個人價值，全面開發人力資源，透過企業文化建設，培育全體員工共同的價值觀，運用各種激勵手段，充分調動和發揮人的積極性和創造性，引導全體員工實現企業的經營目標，依靠全體員工的共同努力，促進企業的不斷發展。

研究人本管理的管理學家認為，人本管理在管理實踐中有不同的形態，並且這些形態具有層次。目前，較為普遍的是把人本管理分為五個層次，即情感溝通管理、員工參與管理、員工自主管理、人才開發管理和企業文化管理。

情感溝通管理是人本管理的最低層次，也是提升到其他層次的基礎。在這個層次中，管理者與員工不再是單純的命令發佈者和命令實施者。管理者和員工有了除了工作命令以外的其他溝通，這種溝通主要是情感上的溝通，例如管理者會瞭解員工對工作的一些真實想法，或員工在生活上和個人發展上的一些其他需求。在這個階段，員工還沒有就工作中的問題與管理者進行決策溝通，但是它為決策溝通打下基礎。

員工參與管理也稱為「決策溝通管理」，管理者和員工的溝通不再侷限於對員工的噓寒問暖，員工已經開始參與工作目標的決策。在這個階段，管理者會與員工一起討論員工的工作計畫和工作目標，認真聽取員工對工作的看法，積極採納員工提出的合理化建議。員工參與管理會使工作計畫和目標更加趨於合理，並增強員工工作的積極性，提高工作效率。

隨著員工參與管理的程度愈來愈高，對業務嫻熟的員工或知識型員工可以實行員工自主管理。管理者可以指出公司整體或部門的工作目標，讓每位員工提出自己的工作計畫和工作目標，經大家討論通過後，就可以實施。

由於員工在自己的工作範圍內有較大的決策權，所以員工的工作主動性會很強，並且能夠承擔相應的工作責任。在該階段，每位員工的工作能力都會得到較大的鍛鍊，綜合能力較高，創造力較強的員工在這個階段會脫穎而出，成為獨當一面的業務主力。

為了更進一步提高員工的工作能力，公司要有針對性的進行一些人力資源開發工作。員工工作能力的提高，主要可以透過以下三個途徑：工作中學習、交流中學習和專業培訓。人才開發管理首先要為員工建立一個工作交流的環境，讓大家相互學習和討論。此外，人力資源部門可以聘請一些專家進行有針對性的培訓。

企業文化就是一個公司的工作習慣和風格，企業文化的形成需要公司管理的長期累積。員工的工作習慣無非朝兩個方向發展：好的或壞的。如果公司不將員工的工作習慣朝好的方向引導，它就會向壞的方向發展。

企業文化的作用就是建立這種導向，而這種導向必須是大家所認同的。隨著公司的發展，企業文化也會在不斷的發展。但是不論怎樣，企業文化管理的關鍵是對員工的工作習慣進行引導，不是僅僅為了公司形象的宣傳。

仁者無敵

【語譯】

施行仁政的人是無敵於天下的。

【原文釋評】

孟子「仁政」管理學說的理論基礎是「性善論」。任何政治思想的基礎是它對人性的理解和界定，不同的人性觀必然會導致不同的政治觀點和政策主張。孟子的性善論為仁政管理的實現提供理論的依據。

孔子的「仁」主要是倫理學範疇，孟子發展孔子的「仁」的思想，進一步提出「仁是怎麼來的」這個具有哲學意義的命題。孟子主張人先天性善，「人皆可以為堯舜」，要求努力培養人的精神境界和道德情操，即「養浩然之氣」。孟子認為人的天性是善良的。

與人性理論相聯繫，孟子提出獨特的內向修養理論。既然人人都有善良的天性，就沒有必要向外努力，只要守住本心，就能成為有道德的人。但是為什麼現實社會中又有那麼多的不道德的事呢？孟子認為現實的不道德並非原本沒有道德，而是人自己失去善良的本心。因此，他認為學習的根本目的就是要找回人們放棄或失掉的「本心」。正因為有了這個基礎，上至君王下至庶民才有「仁」的可能性，仁政管理才可能真正實施。

對統治者來說，正因為人人皆有「惻隱之心」，只要他們把自己的惻隱之心，擴充、推行到實際的統治中，與人民同其憂樂，做每一件事情，都想著人民的疾苦，統治也會變得舉重若輕。統治者若真能推行仁政，將無敵於天下，所以說「親親而仁民」，「親親而仁民，仁民而愛萬物」，他認為為政須行仁政，否則只能自取滅亡。正是由於人性善良，特別是那些統治者的善性，仁政的實現才有一定的可能性。

《孟子》告訴人們：「仁也者，人也。」人為宇宙萬物之一，其所異於禽獸的地方雖然不多，而這極少的差異，卻是人之所以成為萬物之靈的特徵。人類要進步，必須造就高尚的人格。孟子提出「禮」、「義」、「廉」、「恥」乃為國之四維，具體說來是：「無惻隱之心，非人也」、「無羞惡之心，非人也」、「無辭讓之心，非人也」、「無是非之心，非人也」。孟子所說的惻隱之心、羞惡之心、辭讓之心、是非之心，應該被管理者視為「應有的表現」。只有做到「道德仁義者，互相之用也」，管理者才能以惻隱、羞惡、辭讓、是非的表現，實施符合人性的仁道管理。這在市場競爭日趨激烈的今天，更具有重要的現實意義。超越競爭原則的仁道管理，做到競爭無情人有情，才能顯現人類最高的道德，也才能最大程度的激發廣大員工的潛能，調動其工作的積極性和創造性。

「情、理、法」是被中國傳統觀念視之為管理的最高原則。「情、理、法」乃是「仁、義、禮」的通俗化說法，代表孔子思想的三種不同層次，構成立體的觀念架構。這些寶貴的精神文化瑰寶，過去曾一度被視為封建主義思想而被批判。現在看來，這些都完全值得我們很好的去吸收，尤其在當前管理中，更值得我們重視、珍惜與實踐，讓古老的傳統文化為今天的現代化建設服務。

人類的發展史和科學的進步史告訴我們，只有合乎人性的管理，才是合理的管理。「情、理、法」在管理上的表現就是「人性化、合理化、制度化」。

得其民，斯得天下矣

【語譯】

得到人民的支持，就可以得到天下。

【原文釋評】

「以民為本」以及由此延伸的人性管理理論是仁政管理的重要內容。歷史經驗教訓使得上古統治者得出這樣的結論：「民唯邦本，本固邦寧」（《尚書》）。先秦儒家繼承這種觀點，莫不圍繞著「民」來思考治國之道，如孔子的「修己以安百姓」（《論語・憲問》）。民本主義的管理智慧貫通於愛民、養民、富民、教民的工程之中。其中「教民」與儒家的人性管理有直接的關係。

在人性管理理論中，孟子的「性善論」認為人的本性是善良的，人心皆具仁、義、禮、智這「四端」，作為管理者就要「善教」——對人民教以人倫，以發展其「善端」，增長其善性，實現仁政管理目標。

以人為本的企業管理正在成為許多企業的目標，但是事實上，要真正做到以人為本，並不是輕而易舉的事情，它包括對員工真正的關心和尊重，平等的對待公司中的每個人。讓每個員工都感到命運掌握在自己的手中，能充分發揮自己的能力並實現自己的價值，而由此激發的工作熱情將是無窮無盡的。

【經典案例】

惠普很早就已經開始實踐「以人為本」的企業管理。早在二十世紀四〇年代，公司的兩位創始人休利特和帕卡德就下定決心，不讓惠普成為一家只會「雇用人和解雇人」的公司。在當時電子工業還完全依賴政府支持的年代，這種做法非常鼓舞人心。後來，在二十世紀七〇年代衰退時期，當公司的生意遭到嚴重打擊時，休利特和帕卡德這個團體通過考驗，他們並沒有解雇員工，而是讓包括自己在內的公司全體員工減薪一〇%，同時每人減少一〇%的工作時間。就這樣，惠普在沒有犧牲任何一個員工的情況下，成功的度過衰退期的風風雨雨。

惠普的這個用人哲學不但實行得早，而且還在不斷的自我更新。公司的目標總是在改寫，並附上公司哲學的重申之後交給公司的每名員工。公司目標的第一句話就是：「一個公司所取得的成就是每個人所取得的成就聯合起來的結果。」惠普強調自己對富有創新精神的員工的承諾，這個哲學一直被認為是惠普取得成功的直接驅動力量：「首先，我們公司到處都應該有能力很強並且富於創新的員工。第二，公司的各個階層都應該有激發員工熱情的目標和領導。處於重要領導職位的員工應該不僅能夠激發自己的熱情，他們在激發合作者的熱情方面的能力也應是經得起挑戰。」修訂後的公司目標總結道：「惠普不應該是一個緊張的、軍事化的公司組織，而應該是這樣一家公司，員工們享有自由，並能選擇最適合他們各自責任領域的方式去實現整體目標。」

從惠普公司實行的「開放式實驗倉庫」政策中就可以清楚的看出惠普對其員工是何等的信任。在惠普，實驗倉庫是用來保管電子和機械零件的地方。這個政策意味著惠普的工程師們不僅可以自由使用這些設備，甚至還被鼓勵把它們帶回家供私人使用。這個政策的主旨就在於，不管工程師們使用這些設備的目的是否與其工作直接相關，他們的上級相信，透過在工作場所或家中擺放這些設備，這些工程師會從中學到東西，並由此履行公司致力於創新的承諾。

曾經有這麼一個傳說，有一次，休利特在星期六來參觀一個部門，發現實驗倉庫區的門被鎖住了。於是他立即到維修間取來鉗子，接著就把倉庫的門撬開。星期一一大早，人們發現他留下的一張字條，上面寫著：「請別再鎖上這道門，多謝合作。」

總之，惠普公司最與眾不同的特徵是始終如一的堅持「以人為本」的企業精神，維持對自己承諾的一貫性以及其做事方法與態度的連續性。因此，無論在惠普的哪個部門，人們都會看到員工們在談論他們公司的產品品質，言語中可以感覺到他們對自己所取得的成績是何等的自豪。正是這種永無止境的精力和熱情，才使惠普能獲得眾多令人矚目的成功。

企業的活力歸根究底來自於人，企業管理的中心也是人。「以人為本」不是一句口號，其關鍵在於如何在企業文化建設中具體的表現和落實。要做到對內以員工為本，對外以顧客、用戶為本。二者緊密聯繫，缺一不可，這樣才可以促進企業發展。

突顯員工在企業的主體地位，全心全意依靠員工創辦企業

企業的構成主體是員工，他們是企業發展快慢、生產水準高低的決定因素。特別是在市場經濟下，員工是企業構成的主體，更是企業的主人，因此以人為本就要全心全意依靠員工創辦企業。員工才會真正感覺到自己是主人，才會真正表現出「樂在工作」的價值觀。

把培養、造就員工成才列為企業發展的目標

企業的發展取決於人才的成長。因此，企業發展的目標不僅包括經濟發展和效益增長，還要包括提高員工的素質，培養造就企業人才。

創造良好的人際環境和企業環境

不斷疏通和釐清各種關係，為各類人才得以展示其才、脫穎而出創造良好的人際環境和企業環境。員工主動性的發揮，創造性成就的取得，往往會受到各種因素的制約和影響，其中企業文化和人際環境的和諧與否至關重要。因此，企業一定要創造良好的人際環境，使每個員工工作順利，這樣員工才會樂在工作，才會有發自內心的自豪感和責任感。

樂民之樂者，民亦樂其樂；憂民之憂者，民亦憂其憂

【語譯】

以人民的快樂為自己的快樂的國君，人民也會以國君的快樂為自己的快樂；以人民的憂愁為自己的憂愁的國君，人民也會以國君的憂愁為自己的憂愁。

【原文釋評】

在人事管理過程中，「與民同樂」是非常重要的一項。

【經典案例】

松鼠、針和手套在一起，他們生活得很和睦。有一天，他們一起到森林裡去找好東西。松鼠和手套並排走著，針跟在他們後面一蹦一跳的往前走。

他們走了很久很久，沒有找到任何好東西，三個朋友很不高興。突然，針發現一個小水塘，他高興得叫了起來：

「松鼠、手套，你們快來啊！我找到一個好東西，你們快來看啊！」

松鼠和手套飛快的跑過去，以為針找到什麼好東西。可是過來一看，原來是一個小水塘。他們非常失望，對針說：

「你就找到這個東西？」

「是啊，」針回答說：「難道你們嫌少嗎？」

「哎呀，你也太無聊了，就為了這麼一個小水塘還把我們叫過來看！」松鼠和手套帶著一肚子怨氣回去，針也跟在他們後面一跳一蹦的回家。

第二天一早，他們又一起到森林裡。松鼠和手套在前面走，針跟在他們的後面。他們走了很久很久，後來，針發現一個樹樁，又像昨天一樣叫了起來：

「松鼠、手套，你們快來啊！我找到一個好東西，你們快來看啊！」

松鼠和手套以為針真的找到什麼好東西，就急急忙忙跑過去，沒想到，原來是一個爛樹樁。他們火冒三丈，真想把針敲扁了！後來，他們總算氣消了，松鼠和手套在前面走，針跟在他們後面，又一起回家。

又過了一夜，天剛濛濛亮，三個朋友就在一起商議：他們已經撲了兩次空，還值不值得再到森林裡去一趟呢？商量的結果，決定還是再試一試。松鼠和手套在前面走，針還是一跳一蹦的在後面跟著。前面的同伴又是什麼都沒有找到。針獨自在後面東找找，西看看，他跑到一大片沼澤地，用他的一隻眼睛細心的觀察，終於發現一頭鹿，它立即躲到草叢裡。鹿過來吃草，針也被牠吞到肚子裡。針在鹿的肚子裡到處戳，這頭鹿終於疼死了。針又從鹿的肚子裡爬了出來，大聲的喊著：

「松鼠、手套，你們快來啊！我找到一樣好東西，你們快來看啊！」

松鼠和手套聽到針又在叫他們，害怕再次受騙，互相商量說：

「要是他真的找到好東西，我們就去看。可是，誰知道他這次是不是又在撒謊呢？」

他們再三商量，認為還是眼見為憑，決定還是再去看一看。到了那裡，看到一頭死鹿，使他們喜出望外。手套圍著這頭鹿看了又看，松鼠的圓溜溜的眼睛也轉個不停，對針找到的這件好東西讚歎不已。針對他們說：

「我已經把鹿戳死了，現在輪到你們去煮了！」

松鼠和手套連連點頭，開始忙碌起來。松鼠咬碎老樹樁，手套提來池塘裡的水，針找到的三樣東西都派上用場。篝火熊熊，過一會兒，鹿煮熟了，他們一起吃了一頓美餐。

針前兩次找到東西不但沒有得到朋友的支持，反而受到朋友的厭惡，當他第三次找到食物以後，他還是到把朋友一起叫來分享，針是很講「義氣」的。

在企業管理中，管理者有快樂的事，別忘了與員工一起分享。以下一些做法能達到和員工一起分享的目的：

- 如果員工的工作單調，試試看給工作添加一些樂趣和花樣。
- 對於如何做工作，只提供一些提議，由員工自己選擇。
- 在公司裡提倡並鼓勵責任感和領導精神。

■ 鼓勵員工之間的互動與合作。
■ 有重大的慶祝活動，別忘記讓員工參加。
■ 日常閒談中多表示讚賞，讓員工知道管理者是關心他們的。
■ 在員工生日時，給他一份禮物或讓其休假，員工自然會對公司產生親切感。

孟子認為「與民同樂」才能感到真正的快樂。在企業管理中，給員工快樂也就是給企業快樂。

公司所有人都知道海因茲要去佛羅里達旅行。

大家對他說：「好好玩一玩，您太累了，一年三百六十五天，都沒看過您輕鬆一天。」

不久，旅行的海因茲回來了。

「怎麼這麼早就回來了？」一位員工問。

「你們也不在，沒有意思。」他對大家說。

海因茲指揮一些人在工廠中央安放一隻大玻璃箱，員工們納悶的過去看，原來裡面有一隻短吻鱷，重達八百磅、身長十四．五英尺。「怎麼樣，這個傢伙看起來好玩吧？」

「好玩。」許多人都說從來沒有看到過這麼大的短吻鱷。

海因茲笑呵呵的說：「這個傢伙是我佛羅里達之行最難忘的記憶，也令我興奮。請大家工作之餘一起與我分享快樂吧！」

原來，海因茲是為員工們買回來的。這個海因茲不是一般的人，他就是亨利．約翰．海因茲。

亨利・約翰・海因茲，一八四四年出生於美國的賓夕法尼亞。他小的時候就具備領導才能。他在家中是最大的孩子，於是，他帶著弟妹妹們在父親磚廠的空地上開墾一塊小菜地，種植番茄、洋蔥、土豆等蔬菜，到了收穫季節，他們就提著菜籃向鄰居和磚廠的工人兜售蔬菜。儘管弟妹們只當遊戲，但是海因茲卻認真對待。他不但堅持，而且十歲時開始推著獨輪車到大街小巷叫賣，到了十六歲，他已經成為一個小老闆，手下有了好幾個員工替他種菜和賣菜。

後來，海因茲創建H・J・亨氏公司。有人說：這個食品王國裡的「國王」是從賓夕法尼亞的菜地裡走進商界。

一八八八年，他的公司更名為H・J・亨氏公司，海因茲是「醬菜大王」。

一九〇〇年，亨氏公司的產品種類超過二百種，躍居美國大公司的行列。

最後經過幾代人的努力，亨氏公司的產品不只是人們印象中的嬰兒營養奶粉。僅就美國而言，亨氏公司的產品已經滲透到美國人的每一間廚房、每一張餐桌——罐狀金槍魚、青豆罐頭、泡菜、芥末粉等，成為美國人生活的一部分。

一個企業想要卓有成效的成長，完全取決於領導者與員工的相處能力。

作為一個員工，和領導者共享快樂是他們最大的幸福，員工也沒有理由不為企業努力工作。

愉悅的老闆肯定會有愉悅的企業。

一家企業、一家公司，真正的效益不是逼出來的，而是自動的由員工工作而產生。如果一味強求工作，只能使產品品質和效益大打折扣。但要員工樂於工作也不是一件容易的事情，還需要管理者付出很大的用心和努力。

平等的對待員工和下屬，由個人自尊心而產生的要求平等的精神、平等的意識在企業人才管理中是不可忽視的，優秀的企業家和管理人員都十分重視這種平等精神，使企業上下齊心，使領導者和員工和諧相處。

對下屬和員工要親切友善，並且有同情心。管理者的親切隨和、笑容可掬，不擺架子，就會使員工感到老闆很有人情味。

管理人員要能虛心聽取員工的意見和建議，使大家「知無不言，言無不盡」。

對員工的薪水要求要盡力滿足，特別是企業效益好的時候，誰來工作都是為了薪水而來，天下沒有免費工作的人。

君之視臣如手足，則臣視君如腹心；
君之視臣如犬馬，則臣視君如國人；
君之視臣如土芥，則臣視君如寇讎。

【語譯】

如果君主把臣民當成手足，臣民就會把君主當成心腹；君主把臣民當成狗馬，臣民就會把君主當成不相干的人；君主把臣民當成泥土草芥，臣民就會把君主當成仇敵。

【原文釋評】

孟子指出君與臣之間的關係，只有君主把臣民當作手足，臣民才會對君主死心塌地。運用到現代管理學當中，可以理解為領導者要把員工當作朋友，員工才可能對公司死心塌地。

一個人即使是天才，也不可能樣樣精通。所以，他想要完成自己的事業，就必須善於利用別人的智力、能力和才能。作為企業管理者，要最大限度的調動下屬的工作積極性，最好不要把自己和員工定位為雇傭和被雇傭的關係，要把員工當作自己的朋友，他們才會在關鍵時刻助你一臂之力。

人是一種感情的動物，他必須時時進行感情上的交流，他需要獲得友誼。在邁向成功的道路上，想要堅持到底，僅僅依靠信念的支撐是不夠的，還必須有友誼的滋潤。良好的人際關係會使你獲得強大的力量和熱情，在成功時得到分享和提醒，在挫折時得到傾訴和鼓勵，這必將會有助於你心理的平衡，進而有勇氣邁向新的征程。

在許多人的心目中，商場就是戰場，充滿爾虞我詐、你死我活的鬥爭，根本沒有什麼人情。其實不然，想要在商場上不被淘汰，你就必須懂得廣交朋友，善於用「情」，你會收到意想不到的收穫。

【經典案例】

香港富豪李兆基非常善於處理人際關係，這使他的生意也充滿人情味，並且獲益匪淺。他的哲學是：對長期合作同伴，一定要讓彼此皆大歡喜。

一九八八年的一天，建築部的經理偶然向李兆基提及，說承接恆基集團一項工程的承包商要求他們補發一筆酬金，遭到建築部的拒絕。

李兆基便問：「那個承包商為什麼要出爾反爾呢？一定有他的原因吧？」

「是的。」建築部的人回答，「他說他當初得標時，算錯金額。直到如今，才發覺做了一樁虧本生意。」

本來，這樁買賣簽了合約，有法律保障，大可不必對此進行處理。

李兆基卻說：「在生意好時，人人賺到錢，唯獨他吃虧，也是很可憐的。承包商是我們的長期合作同伴，反正這個生意我們有錢賺，就補回那筆錢給他，皆大歡喜吧！」由此可見，注重人情投資也會使你獲利。無論做什麼事，一定要講人情味。

李兆基之所以能成為億萬富翁，這與他善於運用人際關係技巧有十分重要的關係。

凡是跟李兆基工作過的人都對他讚不絕口，認為他是最照顧員工利益的好老闆。為了取得同事的精誠合作，李兆基給幾位重要的管理決策人員一些機會，讓他們投資一些十拿九穩的房地產，讓他們能賺到比薪水多幾倍的利潤，使員工分享業務的盈利，感受做生意的樂趣，對士氣肯定會有良好幫助，這是李兆基的一貫態度。

有一次，李兆基就拿出某地產專案的十五%讓身邊的五位員工入股，結果有一人沒那麼多錢，只好把股份放棄二%。

李兆基知道這件事，在問明原委之後，對他說：「我有機會賺一萬，都希望你們賺十萬。這樣吧，我把我名下的二%股份讓給你，股本暫時算你欠我的，將來賺到錢，你再還給我吧！」於是，大家都賺到錢。對於李兆基來說，真是本小利大；付出小小的錢，就能贏得員工的愛戴，合作愉快。

對於一般員工，李兆基同樣是善用人情，巧妙關懷，挾危濟急，贏得一片忠心和無限感激。

有一次，李兆基的一位任職多年的下屬因為自己投資失敗，導致血本無歸，走投無路。

李兆基知道這件事，也不等對方開口，馬上叫來會計，囑咐說：「替他處理吧！」

當時，李兆基的恆基集團也欠下銀行很多的債務，可以說是自顧不暇，市場又不景氣。會計便忍不住問了一句：「在這個時候幫他嗎？」李兆基說：「就是這個時候，我不幫他，還會有誰幫他？」

這個做法自然讓那位下屬感激涕零，做起工作更加勤懇賣力。

和氣生財，這是李兆基成就事業的秘訣之一。不論對上對下、對內對外，良好的人際關係有時就是一筆巨大的投資，必然會在你需要的時候給你豐厚的回報。把這種方式用在管理中，處處為員工著想，像對待朋友一樣對待他們，他們怎麼能不感動？又怎會不為你賣力的工作呢？

想成為一名卓越的管理者，必須注意加強你所領導的這個團隊的凝聚力，並把這種凝聚力潛移默化的灌輸到員工的內心，對此絕不可掉以輕心。你必須把員工當作你事業上的同伴和朋友，而非你的僕人，要善待他們。只有這樣，你才可能得到他們的回報——盡心盡力的為你工作。

把你的員工當作事業上的同伴和朋友不妨從幾個方面實行：

不要任意命令別人

人是相當獨立的，即使在他們最高興的時候也不願意聽人命令。我們大多數人都是不得不服從領導，因為我們沒有選擇的餘地。因此，如果你是主管，不要處處耍弄權威，而是應該代之以引導、鼓勵等方法，這樣才能取得更好的效果。

不以爭吵服人

不能以爭吵服人。你說的情況可能是百分之百的真理，儘管如此，你也不能使他們心悅誠服，如果他們不想同意你的看法，他們可能以最荒唐的理由與你爭辯，但就是不服你。對此你不要著急，要冷靜，想得開朗一些。重要的是贏得他們的心，而不是贏得他們的理，然後你才有可能使他們同意你的觀點。但是，不能用無情的邏輯和爭辯迫使別人同意你的觀點。

正確處理爭執

在一個企業中，如果有幾百名員工在一起工作，爭執是不可避免的。一個好的領導者就需要用心處理這種爭執，假如他很有警惕性，他就能夠預測爭執，採取措施，把爭執的影響減少到最低程度，或者完全阻止爭執的發生。不應偏袒爭執的任何一方，應該公平對待。

鼓勵員工提出建議

當有人提出一個建議時，我們許多人有一種直言不諱的習慣，說這個建議不切實際，行不通。但是在這個時候，直言不諱的說出自認為是真理的話是完全錯誤的。你不要立即說他的建議是錯誤的。每個人都有自視得意的理論或見解，所以不要直截了當的說他的建議很差，這是不得人心的。你可以不作任何表態。在大多數情況下，可以讓這種建議在不傷和氣的情況下自生自滅，這種態度往往會鼓勵人們多提建議。即使幾個建議都是沒有多大的用處，但也許第十個是會帶給你重大成果的建議。建議是需要鼓勵的，如果你不這樣做，好的建議將會中斷，同時也會阻礙你事業的發展。

防止誤會

如果我們要求人們用自己的語言複述我們給他們的指示，這樣就能減少許多誤會。所謂溝通思想就是把一個人頭腦中所想的事物傳到另一個人的頭腦中。你會驚奇的發現在傳遞過程中有那麼多的障礙，你可能解釋有誤，也可能別人理解有誤。這種事情時有發生，但是如果你要求他們複述他們理解的事物，就可以避免誤會的發生，進而增加你和員工的親密程度。

面對面的談話

知名的麥克阿瑟將軍主張與士兵常常進行面對面的談話。麥克阿瑟是盟軍發動大反攻的主要指揮官之一，第二次世界大戰是他曾經歷過的最大戰役。在這種危急關頭，他仍然認為沒有比偶爾找士兵談話更為重要。正是由於這個辦法，才使他在戰場上贏得很大的勝利。在你經營企業或公司時，這種辦法也會獲得同樣好的效果。它能拉近你和員工的距離，更加有利於你的工作。

不要吝惜你的讚賞

做好一件事的一半樂趣在於得到別人的讚賞。一個人超時加班當然要得到額外的加班費，但是一點點表揚和讚賞與加班費一樣重要。我們都盼望被人表揚，都希望自己的行為獲得別人的肯定和贊同。當你的員工十分出色的完成你分配給他的工作時，適時給他一些表揚，會讓他今後工作得更努力。

出乎爾者，反乎爾者也

【語譯】

你怎樣對待別人，別人也會怎樣對待你。

【原文釋評】

出爾反爾的最初意義就是平等相待的意思。在人本管理中，更要表現平等相待。企業由人組成，企業的發展更是離不開人。員工的事情就是企業的事情，關心照顧員工會使其安心工作；關心有困難的員工會使其對企業更加忠誠。只有做到這一點，才能使上下同心，企業才能形成團結向上的氣氛，共同進步。

愈來愈多的人的工作目的不再僅僅是為了賺錢，他們更喜歡具有平等、互相尊重的文化氣氛的企業，在這種企業中，領導者和員工之間、同事與同事之間的友好和支援性的人際關係會提高員工對工作的滿意度，會使大家並肩工作，使工作更加有效率。

【經典案例】

在索尼公司，公司管理者和員工們平等相待，氣氛輕鬆融洽，充滿友善，就好像是一個大家庭，而員工們都被看成是一家人。這種企業氣氛不是一下子就能營造的，它是索尼經過許多次員工罷工的教訓後才慢慢形成。第二次世界大戰以後，大大小小的罷工示威特別多，索尼公司也曾經有失去大批員工的情況。

一九七四年石油禁運，是因為勞資糾紛而導致工時損失最多的一次。那一年，日本損失九六六・三萬個工作日。這是一個深刻的教訓，日本許多企業專門做了探討和改進，尤其是索尼公司，在盛田昭夫領導下迅速尋找解決之道：對員工平等相待，發揮互敬互助的精神。

儘管索尼公司有兩個工會組織，但是也有許多沒有加入工會的員工。公司與工會之間的關係十分和諧。盛田昭夫認為，之所以公司和員工能保持良好的合作關係，主要因為員工對企業管理者的態度比較瞭解和接受，知道許多事情都是出於誠意和善意。按照盛田昭夫的話來說，日本企業的發展壯大並不僅僅是創業者一個人可以包攬的，故而僅僅利用下屬作為生產工具牟取暴利，是不人道的。日本的創業者在公司成立之後，會招聘員工來幫助他實現理想，達到目標。但是創業者一旦聘用員工，就要將他們當作同事或幫手，而不是賺錢的工具。公司固然需要時時將股東的利潤放在心上，但是也應該經常為員工著想，應該給這些發展企業的人相應的回報。所以，在盛田昭夫看來，股東與員工的重要性是一樣的，有時候員工甚至更重要。例如，股東為了賺錢，經常會變動，但是創業者和員工的關係卻一直保存。只要員工在公司工作一天，他就會為他個人和公司盡最大的努力做貢獻。盛田昭夫充分看到這層利害關係，因此特別強調互敬互重。

索尼的高級主管沒有私人辦公室，甚至連工廠的廠長也沒有辦公室。索尼希望管理人員能和其他人坐在一起，使用同樣的設施。每天早上上班以前，小組長會召開一個短短的會議，並指示交代各人當日的任務。他同時也檢討前一日的工作情形，在他報告的同時，他也仔細觀察各個組員的神情。如果有人看起來不對勁，就讓小組長設法瞭解他是否病了，或是有什麼問題。盛田昭夫認為這點很重要。如果員工生病了，不開心或是有心事，表現就不好。

為了要培養上下一體的工作關係，盛田昭夫過去幾乎每天晚上都與許多年輕的中下級主管一起吃晚飯，並且聊到很晚。有一晚，盛田昭夫注意到一位同事心神不寧，無心作樂，於是盛田昭夫鼓勵他說出心中的話。幾杯酒下肚後，這位同事打開了話匣子：「在我加入索尼公司以前，我以為這是一家了不起的公司，也是我唯一想加入的公司。但是我的職位低下，我的主管是代表公司本身的，偏偏這個人是一個無能的人，我所做或建議的每一件事情都必須由他決定，我看不到我在索尼公司的前途。」

這些話對盛田昭夫不啻是當頭棒喝。他想到索尼公司可能有許多員工都有類似的問題，索尼必須瞭解他們的困難。於是盛田昭夫開始發行一份公司內部的週刊，並在上面刊載各部門現有的職位空缺。這樣一來，許多員工都可以悄悄試探公司內部其他可能的工作機會。

這樣做有雙重好處：一來員工通常可以找到更滿意的工作，同時人事部門也可以因為下屬紛紛離去而發現管理上潛伏的問題。對存在問題的主管，索尼的解決辦法是將他調到一個沒有那麼多下屬的職位上，這種問題就這樣迎刃而解，公司的互助互敬的精神也從這裡得到充分的表現。

如何在公司裡做到平等互助呢？要當好「企業家長」這個角色，做一名稱職的「企業家長」必須做到以下幾點：

尊重員工

尊重員工首先是尊重員工的言行，管理者應該最大限度的與員工進行平等的溝通，而不是對員工的言行不聞不問。讓員工能夠在上級面前自由的表達自己的意見和看法，這一點非常重要。尊重員工還表現在尊重員工的價值觀，公司的員工來自不同的環境，有各自的背景，所以每個人的價值觀也會不盡相同。只有尊重員工的價值觀，才有可能讓他們融入公司的管理理念和企業文化中。

體貼關懷

有遠見的管理者明白「愛員工，企業才會被員工所愛」的道理，因而採取柔性的管理辦法，創造出若干員工與管理者「家庭式團結」的神話。重視企業的「家庭氣氛」，就可以在建立員工與企業之間的「情感維繫」方面取得豐富的經驗。

精心呵護

作為企業管理者，應該是員工的「保護人」。也就是說，要竭盡全力的維護員工的種種切身利益，如經濟利益、政治利益、文化利益、法律利益……這往往也是許多員工最關心的現實問題。優秀公司成功的一項基本經驗，就是他們建立一套很完善的物質獎勵制度，同時採取成套的、令人眼花撩亂的精神鼓勵的辦法，以激勵員工非同凡響的熱情。

王如好貨，與百姓同之

【語譯】

大王如果喜愛錢財，要想到人民也喜歡錢財。

【原文釋評】

孟子在這裡運用的是比較的方法來勸說梁惠王，希望梁惠王能將心比心，也知道人民的喜好。管理者要體察民情，關心員工，將心比心，也知道員工們的喜好，這在管理中是最重要的。

常常可以聽到一些老闆這樣抱怨自己的員工：「為什麼只有你家裡出現這樣的問題？」「誰叫你家裡出現這樣的問題！」

在某一時候，一個公司也許只有某個員工的家裡發生某一個問題，但是家裡發生問題是很常見的。老闆不關心甚至埋怨員工，是不近人情的，更談不上和員工友好相處與調動員工的積極性。

常言說：「家家都有一本難唸的經。」作為管理者，首先要瞭解每一個員工的家裡都有一本難唸的「經」，其次要善於幫助員工唸好這本「經」。

美國軍方出版一本有關領導的書叫《三軍軍官》，其中就談到「即使以前曾經說過，現在還是值得再說一遍：每位軍官最大的責任就是在照顧自己之前，先照顧士兵——這是最重要的原則！假若一位軍官和一位士兵同行，他應該照料他的飲食、住所、醫藥治療和其他需要。他要先滿足這位士兵的需要後，才能再來照料自己。假若只有一張床或一碗飯，他得先讓給這位士兵，自己只能忍耐」。

人是公司得以存在的基礎，然而人不是機器，人是有感情的。所以，企業的管理者應該時時想著為員工分憂解難。這樣，員工也一定會與企業憂患與共、共同進退。關心員工也許要付出更多的時間和金錢，但是它能讓員工以百倍的熱情投入工作，員工為你創造的財富將遠遠高於你付出的。

企業的管理者應該牢牢建立「以人為本」的觀念。

作為一個人，如果當你悲傷時，有人替你分憂；當你快樂時，有人與你共用喜悅，你就會把他當作你的知己。

作為一個公司，如果管理者對員工悉心關照，想員工所想，急員工所急，就會有非常大的功效。從人作為感情動物的特性來說，你關心我，我也會想著你，如果上升到企業的高度，就會形成員工與公司憂樂與共，共同進退。

【經典案例】

韓國十大財閥之一、鞋業大王梁正模就成功的做到與員工憂樂與共，致使大家願意與他同生共死。

早期，梁正模在他父親公司裡做事，主要處理公司與代理商之間的有關事宜。在他的工作中，他並沒有把人與人之間的關係看成簡單的相互利用，相反的，他總是特別誠心的對待別人，所以與代理商建立良好的信任關係。

梁正模突破公司與代理商之間的「工具型」關係，更沒有算計別人，而是真心的和這些代理商交往。他總是能站在代理商的位置，替他們著想，充分照顧他們的利益，代理商們都願意與他做生意。

這些人情資源成為梁正模創業初期的無形資產，而且這些無形資產迅速轉化為有形資產。在他開始創業時，沒有足夠的資金，向銀行貸款也很困難。以前的代理商們知道之後，馬上向他伸出援手，幫他度過難關，這些分佈在全國各地的代理商們籌足了錢，借給他，而且不要利息。在這些朋友的幫助下，梁正模的公司如期建成。

不幸的是，他的工廠又遇到幾次火災。每次火災後，他又奇蹟般的站起來，這又是得益於代理商們的大力支持。

這就是「得人心者得天下」的道理，人心的獲得是靠與別人同憂苦、共患難。工於心計的人永遠不可能獲得人心。

梁正模創辦自己的企業後，對員工也是關心備至。當他和工人接觸時，總是問他們在工作中和生活上有什麼困難。在獲悉困難後，他總是想辦法替他們解決。

他的工廠裡有一位技師朴明鎮技術高超，是梁正模多花了好幾倍的薪水才請過來的。朴明鎮的家鄉在平壤，由於朝鮮半島南北分裂，他與家人被迫分離。對親人的思念，使他非常痛苦，面對這種狀況，又無能為力，只有每天以酒解憂。

梁正模知道這件事之後，每天陪著他一起喝酒，到半夜才回家。這樣的以人之憂為己之憂，深深打動這位技師，他晚上不再去喝酒，而是把全部的身心都放在技術創新和技術改造上，使公司的產品在品質上大大提高，在競爭中處於非常有利的領先地位。

梁正模的成功，在很大程度上是他處理人與人之間的關係的成功。在韓國、日本、中國、東南亞等國家和地區，儒家文化的傳統使得人與人之間重視親情式的關係，這是一種良好的人員管理模式。

美國國際農機商業公司的老闆西洛斯．梅考斯是一個堅持原則的人。一方面，如果有人違反公司的制度，他會毫不猶豫的按照規定處罰；另一方面，他同樣能夠體貼員工的疾苦，設身處地的為所有員工著想。

有一次，一位老工人遲到，而且喝醉了酒，梅考斯知道以後，會同有關部門商議討論，最後開除這名工人。當他瞭解實際情況後，及時採取補救措施。

原來，這位工人的妻子剛剛去世，留下兩個孩子，一個孩子不小心摔斷腿，另一個孩子太小而整天哭鬧，這位工人在極度痛苦中不能自拔，借酒消愁，結果上班遲到。

梅考斯知道情況以後，當即掏出一大筆錢為這名工人解決困難，同時繼續執行開除的命令，以維護公司的紀律，又將這位工人安排到自己的一家牧場當管家。這樣做既保障工人的生活，也贏得公司其他員工的心，讓全體員工都能全心的投入工作。

君子可欺以其方，難罔以非其道

【語譯】

君子可能被合乎情理的方法所欺騙，但是難以被不合理的方法所欺騙。

【原文釋評】

君子是人，也難免被騙，也難免犯錯，但這並不是君子犯錯的藉口。作為一個管理者也一樣，既然不是藉口，就要儘量避免錯誤的發生。

領導者在施行以人為本的管理過程中，要儘量避免出現以下幾種迷失：

以「壓服」為威信的迷失

這其實是一種封建家長制的東西。有些管理者認為威信就是我說你聽、我令你做，不得違背，習慣用權力壓服員工。如有違背，就輕率的採用懲罰措施。

這種「威信」必然只是表面上的，如果你想培養自己的員工陽奉陰違的能力，這倒不失為一種好方法。

以「高明」為威信的迷失

一個出色的管理者必然會有其過人之處，但是這種過人之處只可能集中在某些方面。有的人認為管理者為了建立威信，就要處處顯得比員工高明。其實，這毫無必要。某廠長一次到工廠巡視，指出一個員工技術粗糙，該員工很不服氣。此廠長二話不說，換上工作服，立即操作機器，果然又快又好。一時圍觀者為之嘆服。如果事情到此為止，倒不失為以行動建立威信的範例，可是錯就錯在該廠長以下的言行。

該廠長竟說：「技術不比你強，我敢做這個廠長嗎？無論什麼工作，只要有做得比我好，我馬上讓位。」此君把威信理解為輕狂，這種狂妄反倒給人一種極端不自信的感覺，顯然，此君並沒有對自己作為一廠之長的工作性質和存在價值有一個清楚的認識，他把自己降為一個和員工比技術的角色。

以「神秘」為威信的迷失

一位朋友引用孔子的「近之則不遜」。他認為威信來自於距離感，一個管理者應該以神秘的面貌出現在員工面前。這個朋友的話好像有一些道理，人們對未知的東西的確會產生敬畏心理，但是這位朋友也許不知道，人們對未知的東西沒有安全感和歸屬感，而這二者都是威信產生的基礎。

尤其當一個管理者為了神秘而神秘，為了威嚴而威嚴時，就會顯得不倫不類。千萬不要低估員工的判斷力，故弄玄虛對己而言是一種無自信的表現，對人而言是一種愚弄，絕不是長久相處之計。

以「說教」為威信的迷失

首先，我們承認，善於言辭表達是一項優秀的老闆素質。但正所謂言多必無信，有些老闆片面的認為在各種場合多說話、多演說會建立自己的威信，一言堂式的談話必然會淪為一種說教。言不在多，而在於能切中要害、打動人心。善於表達自己意見的人必須首先是一個能讓對方願意開口說話的人。

以「剛愎」為威信的迷失

有缺點的人能不能建立威信呢？當然能。而且，勇於承認和改正自己缺點和錯誤的人更容易贏得別人的尊重。有許多管理者都有護短的傾向，他們明知道自己錯了，卻不許員工議論和反對。這是一種「虛榮」心在作怪，當這種虛榮上升到偏執的程度，便會表現出神經質的剛愎自用。

其實，這種表面上的「剛」，正是內心無「剛」、缺乏勇氣的表現。著名心理學家阿德勒說過：「**從一個人看待別人的錯誤的方式，可以看出他是否寬厚；從他對待自己錯誤的方式，更可以判斷他是否獨立與堅強。**」能對個人行為負責的人是一個合格的人，能對團體責任主動承擔的人便是一個優秀的管理者。

非之無舉也，刺之無刺也。同乎流俗，合乎汙世，居之以忠信，行之似廉潔，眾皆悅之，自以為是，而不可與入堯舜之道，故曰：「德之賊也」。

【語譯】

孟子的學生萬章問孟子什麼算是「好好先生」，孟子回答說：「你說他有什麼不對，又舉不出例證，你要指責他卻又好像無可指責。他只是同流合汙，為人好像很忠實，行為好像清正廉潔，大家都很喜歡他，他自己也以為很不錯，但是實際上，他的所作所為卻不合於堯舜之道，所以說他是偷道德的賊。」

【原文釋評】

孟子針對當時急功近利、同流合汙的現象，給予很深刻的批評，認為像宦官一樣八面玲瓏、四處討好的好好先生是一個偷道德的賊。在此孟子指出，一個人要堅持自己的正確原則，不應該為了討好別人而同流合汙。在管理上，有些管理者充當「老好人」式的角色，他們不敢冒著觸動員工利益的風險，為了不得罪人而到達姑息遷就的程度。但是好感絕不等於威信，好好先生做不了現代企業的管理者。

作為老闆，你對員工保持一定程度的寬容是合乎情理的，但是如果你毫無原則的容忍員工的不良行為，就顯示你還不大稱職。任何事情都有一個界限，員工偶然的一次小錯誤你可以不用計較，但是如果員工接連不斷的犯錯，勢必會釀成大錯，出現更大的問題，這時候你不能再沉默了。該扮黑臉時你一定要扮黑臉，千萬別心軟。

在實際工作中，我們往往難以找到絕對有效的是非判斷標準來衡量自己和員工的行為。哪些東西可以接受，哪些東西無法令人接受，兩者之間的界限往往模糊不清，而且不同的人可能有不同的理解。在確定這個標準時，個人的主觀判斷佔有很重要的成分，你必須準確判斷出哪些是可以容忍的，哪些是絕對不能容忍的。如果員工在你面前表現得很差，說明他對你缺乏尊重，他也無法實現你對他的期望。作為一名管理者，你不能對此放任。

當一個人跨越你可以接受的界限時，你應該及時處理這些不良行為，如經常遲到、不懷好意的玩笑、惡作劇、不適當的姿態語言、不尊重他人、貶低他人、背後說三道四、衣冠不整、時常抱怨、工作中處理私事、不守承諾、撒謊……對這類行為切不可等到事情發生之後再做決定。你應該向這種不良行為進行挑戰，並且要求員工向你做出解釋，不要等到你聽說那人已經犯下嚴重的錯誤，再做出任何毫無意義的決斷。

身居管理者之位，你的員工每一分鐘都在觀察你。你處理不良行為的方式直接影響員工對你的印象。你必須在員工心目中建立明確的概念，即讓員工在心目中明確哪些是可以令人接受的，哪些則不能。對員工的行為你不必假裝視而不見，因為他們會很快發現這一點。當你在制定一個你可以接受的標準之時，很重要的一點是，這個標準可以成為今後處理不能接受行為的依據。如果某人超越這個界限，就應該與他們談談，並且找到解決問題的最好辦法。經過這些努力，你會發現，每個人都將會檢點自己的行為，保證自己的行為令每個人接受，其中也包括你。

在任何一個公司，並不是每個員工都十分完美，都能出色的完成工作，都能在你的引導和培養之下盡職盡責。有時，你還會碰上一個不中用的人，不管你怎麼努力，他也不能完成你期望的十分之一。

在當今商場中，由於競爭的殘酷，慈善行為的生存空間十分有限，你不可能總是對不能完成工作的人都提供慈善性的寬容。當你覺得這類員工無可救藥時，你應該在他導致災難性後果之前將其解雇。

一般來說，對於公司的某些問題，有些員工可能比你知道得更早、更清楚，他們期望你能採取行動，他們希望你解雇那些怪異的同事。如果你忽視那些不良行為，並且不能正視和面對表現很差的員工，你的信任度將受到極大影響。每個員工都為自己所做的事情和取得的成功感到自豪，他們不希望有人扯他們的後腿。

作為管理者，你也可能被一些統計數字所迷惑，使你不能從中發現一些令你失望的員工。有些員工可能達不到你的期望，而且這種人還會消耗你的大量的時間和精力。有時你還必須幫助他們擺脫困境，解決問題。

你的決定十分重要，你決定實施的方式也十分重要，所以小心是很必要的。這裡的小心意味著對待被解雇的員工要敏感、公正與瞭解。

聞誅一夫紂矣，未聞弒君也

【語譯】

我只聽說殺了一個殘暴的人，並沒有聽說是殺掉一個君王。

【原文釋評】

孟子與孔子比起來，孟子更為激進。孟子認為，君王只有施行仁政才能安定天下，對一些「獨夫」、「暴君」，殘害人民的君王，則要討伐消滅。這可以看出孟子剛烈的性格。

作為管理者，在處理人際關係時，不能一味的忍讓，該硬則硬，該軟就得軟。信任關係的建立是有效人際關係的根本，員工之間的彼此信賴、精誠合作會使你的公司始終有團結的感覺，這也會使你在處理人際事務時總能對自己說：「問題一定能解決，只是還需要一點時間，消除誤會！」

但是信任關係建立以後，還需要你與員工共同維持。由於你在公司中的特殊地位，所有的人也許首先將目光投向你，你的舉手投足都會成為員工閒暇時聊天的「話題」。

這裡就需要你在公司內部的人際交往中，把握你自身的立場，以免損毀自身的形象，也殃及公司和諧的人際關係。

同情弱者

在我們這個大力提倡競爭的年代，弱者似乎就等於失敗，他在特定的環境中難免會受到別人有意無意的排擠與冷落。人們對弱者所持的態度還是善意的，但是在他們「哀其不幸，怒其不爭」的同時，弱者最終還是弱者。

在你的公司中，肯定也存在一些「身單力薄」之人。由於他們的自尊心、自信心在歷經一次次失敗，以及在遭受別人的指責之後，變得異常脆弱與敏感，使他們在你的公司中「生存」的空間只限於三尺的工作空間，甚至更小。也許他們的存在會使整個健康、開放、自由的人際關係顯得有些名不符實，那個被愛遺忘的角落也許最終會成為公司中陽光永遠照不到的地方，這對弱者極不公平，也對公司良好人際關係的維持極其不利。

對待這些將自己囚禁、封閉起來的、遭別人冷落的不幸人士，你不應該棄他們於不顧，更不應該用生存的法則將他們清除，讓他們自生自滅。

同情是你正確的態度與立場，也許你會覺得這樣做會引起大多數人的非議，與眾人意見不合，別人也許會說：「公司的存在需要效益與業績，他們只會把事情弄得更糟。不如讓他們獨自一人，好好反省，這對雙方都有好處。」

讓別人去說吧，別忘了你想建立的是什麼樣的公司氣氛，在這裡不許任何一個人有「失意人生」的感覺。

主動的接觸那些弱者們，用心真誠的關愛，使他們的小小空間也能體會到公司的溫暖，儘管這也許很微薄，但是對一個處於風雪中的人來說，一根火柴足以點亮心靈，況且它或許能點燃和引發更多的熱源。

保持中立

對於公司人際關係中出現的摩擦與衝突，當然不能視而不見，但是有時適當保持中立、沉默會產生更好的解決之道。

保持中立並不是讓你在公司中充當和事佬，對衝突雙方都不得罪，有兩副面孔，或者是乾脆事不關己，以順應事態的發展。

你的保持中立的立場必須是有建設性的，有助於衝突的化解與問題的解決。

試想，一位員工在與同事發生激烈的口角之後，找到你，要求你調換工作職位，更糟糕的是他的那位同事是你昔日的同窗知己，這時你該怎麼辦？千萬別做出盲目的決斷，也不要顯露出對任何一方偏袒的傾向。保持公正、中立的立場，針對問題尋求解決之道，就事論事。

中立是一種公正的處事策略，是一種剛正不阿的處事態度。

如果你這樣做，問題的雙方就會將注意力從人與人之間的各種微妙關係上，轉移到具體的問題上，因為複雜的並不是問題本身，而是人的心靈！

敢對員工說「不」

公司的人際關係應該是一種健康向上的人際結構，並非是以原則為犧牲品的庸俗關係。

在你的公司中，肯定會有人向你提出帶有誘惑性的請求，也許這種請求同時帶有某種許諾，例如你的一位員工找到你，略帶愧色，但又彷彿語帶玄機的對你說：「如果你不太計較我這個月的那幾次缺勤，我保證會更好的工作。」這種許諾也許會使你難以做出決定。在有些時候，員工的請求又近似於敲詐，例如「我不會告訴其他人，特別是經理，說你把文件弄丟了，但是我太想休假了……」

還有一些說法更是以一種特別巧妙的方式，促使你放棄原來最佳的選擇：「我們都知道李經理不完全符合當下一屆主管的條件，但是他確實為公司工作了大半輩子，沒有功勞也有苦勞，況且別人都很支持他。」這種帶有極大攻心的意見，會讓你在關鍵問題上放棄原則。

的確，你完全可以很容易將所有的決定順乎「人心」，但是你必須意識到，當你在做出決定的時候，你並不是出於決策合理化的考慮，而是出於對自身利益的考慮，或者是出於類似的動機，這時組織的人際關係是「失之毫釐，差以千里」的影響，你會使傳統文化中的庸俗部分死灰復燃，在你的公司中腐蝕它健康的結構。

你必須敢對員工說「不」，這不僅意味你的尊嚴，還表現出公司的一貫原則與處事風格。每個人都會在這樣的原則約束之下，使彼此的關係更加親密、健康。

第四章：以德服人的領導藝術

孟子在記述「民為貴，社稷次之，君為輕」之後，接著便提出「以德服人」，人民才能「心悅誠服」。以德服人是一門領導藝術，在現代企業管理中，施行人事管理最重要的一項就是要以德服人，所謂「君臣之道，恩父為報」，「君之視臣如手足，則臣視君如腹心；君之視臣如犬馬，則臣視君如國人」，你敬人一尺，別人就敬你一丈。

以力服人者，非心服也，力不贍也；以德服人者，中心悅而誠服也，如七十子之服孔子也。

【語譯】

用武力征服別人的人，別人並不是真心服從他，只不過是力量不夠罷了；用道德使人歸服的人，別人是心悅誠服，就像七十個弟子歸服孔子一樣。

【原文釋評】

在這裡，孟子論述品德對治理國家的重要性，引申到現代管理中，也同樣適用。在現代管理中，以德服人的領導藝術非常重要。

一個品行不端的人不可能結交真正的朋友，獲得長久的事業成功。這樣的人很難有人能與之長期合作，因為這種人不是自私自利，就是過河拆橋；這種人在家庭中也會做出不道德的事情，極有可能造成妻子和孩子的痛苦與不幸；他們甚至還可能因為某種利益的驅使，鋌而走險，以致落入法網！

要走向成功，需要以德立身，這是一個成功者必須確立的內在標準，沒有這個內在的標準，人生之路就會失去支撐，最終失敗將是必然的。同樣，在做人處世中，想要在人際交往中暢通無阻，成為一個人人喜歡的人，以德立身也是必不可少。

但是必須知道，以德立身，還必須以自律為前提，一味講「義氣」並不在以德立身之列。俗話說：「近朱者赤，近墨者黑。」在社會上，缺德之友最終會成為自己成功路上的定時炸彈。例如，明知這筆貸款不合手續，但因為對方是朋友，所以核准；明知這個項目不能擔保，因為受朋友的委託，所以還是答應了。諸如此類的經濟犯罪案件多數發生在年輕人身上，他們重朋友、講義氣，交往中自以為很瞭解對方，因此在合作中絕對信任對方，毫無防備，不能做的事也不好意思拒絕，這樣做或許表面上讓人喜歡，實際是害人害己。

以德立身貫穿於每個人的人生過程，是一個人做人最根本的原則。在人生的不同階段，道德對於人的要求雖然有不同的變化，每個人體驗和經歷的內容也不一樣，但是「以德立身」的人生支柱是不變的，它對每個人產生支撐作用的定律是不變的。

一個人一旦在道德上出現問題就很容易為眾人所唾棄，這在現代管理學中尤為明顯，請看下面這個事例。

【經典案例】

一九九九年三月，美國的《讀者文摘》刊登一篇文章，作者寫道：

我應邀為一家銀行尋找員工士氣低沉的原因，年輕的銀行總裁歎氣的說：「我真不明白哪裡出了問題。」他精明能幹，由底層晉升至現在的高位，卻發覺銀行業務日漸衰落，他歸咎於部屬工作不力。「我使盡渾身解數激勵員工，他們還是無法振奮。」

他說得對。銀行裡到處瀰漫著互不信任的氣氛。我與員工多次私下交談之後，終於明白真相。所有員工都知道，這個已婚的年輕總裁與一名女員工有婚外情。現在事情清楚了：銀行業績不佳是受到總裁品德所累。他只顧著偷歡，忽略其行為的後果。

品德其實對每個人來說都極為重要。品德由種種原則和價值觀組成，給你的生命賦予方向、意義和內涵。品德構成你的良知，使你明白事理，而非只根據法律或行為守則去判斷是非。因此，正直、誠實、勇敢、公正、慷慨等品德，在我們面臨重要抉擇之時便成為首要。

注重道德，以正其身，才能有資格贏得人們的喜歡，在燈紅酒綠的現代生活裡，很多人抵擋不住誘惑而喪失操守、道德淪喪，紛紛墜入墮落的深淵，我們一定不能掉以輕心。

敬人者，人恆敬之

【語譯】

只要你尊敬別人，別人也會尊敬你。

【原文釋評】

在企業的人事管理中要充分尊重你的員工。每個人都有優點和缺點，懂得欣賞和尊重他們的優點，改正他們的缺點是領導的藝術。

被人尊重和欣賞總是讓人感到快樂，尤其是員工受到上級的尊重和欣賞時會更加感動和高興，所以管理者在調動員工積極性方面，不要忽視這一點。

每個人都渴望獲得別人的尊重和欣賞，你的員工也不例外。學會尊重和欣賞你的員工，是企業走向「以人為本」的柔性管理的第一步。

當你的員工向你提出工作建議時，這個建議可能並不符合公司的現實情況，但是他向你提出建議就應該得到尊重和欣賞。你應該尊重他的誠懇和責任心，同時也要欣賞他的勇氣。員工所提的建議受到尊重和欣賞時，這種正向激勵作用會促使員工提出更好和更契合公司實際的建議。如果員工的責任心和勇氣受到打擊，員工會傾向於被動的接受工作，毫無工作主動性，這種情況又如何讓管理者更好的進行工作呢？

其實，在企業中類似的小事情還有很多。如果管理者換個角度，從尊重和欣賞的角度觀察員工的工作，你就會發現每位員工都有很多的優點和特長。如果將這些優點和特長不斷的加以放大，並且在團隊內部不斷的傳播，這些優點和特長就會成為所有組織成員的共同財富。

尊重和欣賞員工是對員工進行的感情投資。人本管理，實際上就是嚴格管理和感情投資的結合。例如馬來西亞的富商郭鶴年，他的管理經驗就是嚴格標準與情感投資的結合，努力做到以法服人、以情感人，把「家和萬事興」的家訓推行到企業中，在公司創造一種家庭式氣氛，互相尊重。他認為經營管理不能只靠制度，更重要的是靠人。只有上級和下級感情良好、合作良好才能調動每個人的才能，發揮他們的最大潛能。

從某種意義上說，企業管理就是人際關係的總和。剛性的「哲商」制度管理和柔性的「和商」親情管理各有所長，歷來重視人際關係的東方人常以贏得對方的尊重為追求的目標。如果經營者只重視現在的工作，而忽略他們未來的發展佈局，經營者永遠都要尋找新的員工，最後的結果當然就是企業缺乏人才。

媒體曾經做過一個「年輕人為什麼想換工作」的社會調查，調查結果顯示：年輕人選擇部門時最注重的不是收入、房子、福利，而是將自己能否在部門中得到充分發展放在第一位來考慮。

在想換工作的年輕人中，二十七％的年輕人是因為「得不到重用」；不想換工作的年輕人主要是因為「受重視，有發展機會」。可見他們很重視人格的尊嚴，他們需要確認自己在社會中的地位。也就是說，人們有可能寧願放棄收入雖高但是人格受損的工作，而追求收入雖低卻能得到信任、受到重視、獲得施展自己才華的機會的工作。

員工總是希望管理者把他們當作個體進行管理，承認並尊重他們個人的價值和尊嚴，使他們每個人都覺得自己在企業中或者說在領導者的心目中並不是可有可無的；希望管理者能夠關注他們個人的物質需要和精神需要，關心他們個人的處境和困難。這樣，每個員工都能體會到管理者濃濃的人情味，每個員工的能力甚至潛能都能得到充分的發揮，企業就會充滿生機。

尊重和欣賞你的員工，可以從最簡單的方法開始做起。不要吝惜你的讚美，如果你真誠的讚美每個員工，這就足以促使他們更加友好交往和努力工作。因為每個人都希望得到稱讚，希望得到別人的承認。在人們的日常生活中，你會驚奇的發現，小小的關心和尊重會使你的群眾關係迴然不同。

君子以仁存心，以禮存心。仁者愛人，有禮者敬人。愛人者，人恆愛之。

【語譯】

君子內心所懷的念頭是仁，是禮。仁愛的人愛別人，禮讓的人尊敬別人。愛別人的人，別人也經常愛他。

【原文釋評】

「仁愛」思想是企業內部加強團結和增強凝聚力的基礎。現代企業是什麼？在美國人看來是「一堆資本」，在日本人看來是「一群人」。因此，日本人主張企業管理要「以人為本」，企業的發展靠人的作用，靠人所發揮出來的合作精神。員工是企業的主人。只有以仁愛之心對待別人，社會和企業才可能有一個和諧安寧的環境。企業的領導者要以仁愛之心，對待自己的下屬和員工，同樣的，員工也應該以仁愛之心對待企業的領導者與管理人員。只有這樣，企業才能產生內在的凝聚力。

「仁愛」思想也是一個企業成為一流企業的重要條件。韓國高麗大學校長洪一植先生在《經濟人》週刊上發表題為《二十一世紀韓國的企業和道德性》的文章中指出：**道德性是優秀企業文化的絕對標準。**立足於道德性建立的企業文化，是成為世界第一流企業的首要條件。因此說，建立企業道德是比開發尖端技術和改善企業體制更重要的事情。如果說財富和權力是幸福的表面，道德性則是幸福的本質。文化生活的基礎是道德，它決定生活的品質。道德不單是人類必須遵守的道德規範，道德還表現真正生活的基礎。現在，我們正體驗著沒有道德基礎的物質豐富的嚴重的虛假現象。過分的個人主義，使上下之間、左右之間的隔閡日益加深。那麼，如何建立企業的道德性呢？他認為，應該弘揚傳統文化。只有創造性的繼承和發揚民族文化中固有的道德性，才能真正成為世界第一流的企業。洪一植先生的這些思想，對於我們來說，具有啟發性，值得深思。換言之，企業想要成為世界第一流的企業，必須要弘揚民族文化中的道德性，其中基本的就是「仁愛」的思想。

全體員工的同心協力、一致努力是企業獲得最終成功的有力保證，要做到這一點，管理者就要多關心人才的生活，對他們遇到的事業挫折、感情波折、病痛煩惱等「疑難病症」給予及時的「治療」和疏導，建立正常、良好、健康的人際關係、人我關係，進而贏得員工對公司的忠誠，增強員工對公司的歸屬感，使整個企業成為一個凝聚力很強的團體。

【經典案例】

摩托羅拉總裁保羅・高爾文不僅本人辛苦工作，而且重視正直的員工，一直對為他工作的員工十分關懷，以誠相待。他珍視並忠誠和同事間的關係，也因此，許多極具才華的人對他懷著深厚的感情，願意追隨他的左右。

高爾文之所以能取得下屬的依賴，最重要的原因之一就是他最重視人的情感和尊嚴。他注重獎勵有創造能力的人，並同意權威應該屬於勇敢的負責任的人。他對員工的關懷擴展到他們的雇傭關係之外，當他聽到他的員工家人生病時，他就打電話關心：「你真的找到最好的醫生嗎？如果有問題，我可以向你推薦看這種病的最好醫生。」由於他的努力，許多按常理不會到來的專家被請來了，而且在這些情況下，醫生的帳單就直接交給他。

他曾親自解決員工的酗酒問題。他打電話把酗酒人叫來，和他談話，試圖說服他接受適當的治療，以擺脫酗酒的惡習。有一次，當管理人員建議把一個不可救藥的員工開除時，高爾文要求先和這個人談談。二十年後，這位員工仍被雇用，而且成為管理人員。

高爾文對下屬無微不至的關懷的故事在摩托羅拉的工廠中流傳。在一條生產線上作業的一個女孩，他父親不是摩托羅拉的員工，身患癌症，在家養病；高爾夫叫這個女孩回家照顧他的父親，並照發全部薪資。他還拿出自己的錢，替一個員工的子女交納大學的學費，為一個員工的妻子交納分娩費。

這些慷慨解囊的行為不僅表現在員工遇到極度困難時。比爾・阿諾斯是一位二十世紀三〇年代的採購人員，他回憶在不景氣的最惡劣階段時，他因為牙病而延緩迫切要做的工作，因為他無力去做。

高爾文看他如此的痛苦不堪，就叫他去找醫生。當手術做完後，費用是二百美元，這是當時只有普通薪資收入的人所不能支付的。阿諾斯從未見到帳單，他每次向高爾文詢問，得到的回答都是：「我會讓你知道的。」

幾年後，當阿諾斯的生活改善了，他直率的告訴高爾文，他要償還高爾文支付的那筆帳單。當高爾文問他為何如此關心這件事時，阿諾斯回答說，他還錢是為了使高爾文能幫助其他員工醫好牙病。

高爾文樂於將自己的好運和別人共用。在經過前幾年的艱苦奮鬥，企業終於開始有改善之後，高爾文告訴和他共同創業的人，他們在薪資之外，應該分到公司增加的財富。他要他們瞭解，他們在公司未來的時間裡會受到公平對待，就是說，送給他們每人一些股票。

他告訴自己的下屬：「我不要你們跟我一輩子，只靠薪資為生。我希望你們和你們的家庭在公司中也是股東，因此一直到退休，你們都有分紅。」

摩托羅拉的員工成立許多組織，第一批組織中有幾個於一九三八年成立。其中最重要的是「服務俱樂部」，它把一九二八年和高爾文共同創業十年的老員工組織在一起，摩托羅拉服務俱樂部的第一次集會於一九三九年在高爾文的辦公室舉行，與會的有九個員工，三個是一九二八年進來的，六個是一九二九年進來的，他們聆聽高爾文熱情洋溢並表示感謝的賀詞以後，都感情激動，熱淚盈眶，發誓他們不會讓高爾文失望。

和美國其他企業的創辦人相比，高爾文在更大程度上以公司為生命。高爾文強烈的意識到：他必須用他的真誠的感情說服他的員工，使他們認識到「一個公司只能在它的員工參與管理之後才能發揮效能，否則它只是一潭死水。」他排除種種障礙取得的成功是由他的員工對他表示的尊敬與愛戴來顯示的，沒有在艱難困苦與磨練的創業年代裡建立的忠誠的核心，摩托羅拉不可能創造今天的輝煌。

君子不亮，惡乎執？

【語譯】

君子不講信用，怎麼能夠有操守？

【原文釋評】

作為一個管理者，更應該言而有信，言出必行，行必有果。這樣你才能在商場上立足，才能獲得別人的認同。

【經典案例】

李嘉誠做人最講誠信，他總是以一顆真誠的心靈對待別人，不怕別人虧待自己，就怕自己虧待別人。他常常說一句話：「不怕沒生意做，就怕把生意做壞。」李嘉誠對於誠信的追求近乎執著，他反覆告誡下屬：「你要讓別人信服，就必須付出雙倍使別人信服的努力。」為了贏得信賴，就得吃一些虧，他不怕吃虧，就能夠得到別人的信賴。他說：「有時看似是一件很吃虧的事，往往會變成非常有利的事。」

在創業的第五年，李嘉誠準備裝運一批塑膠玩具給外國客戶，但是對方在最後一刻因故突然要求取消訂單。當時李嘉誠並沒有向對方要求索賠，認為自己的貨物不怕賣不出去，所以他很真誠的向對方表示，這次生意做不成，以後還有機會配合，可以建立友好的關係。這次事件過了不久，突然有一個美國客戶登門到來，訂了很多塑膠產品，原來該公司的一位高級職員認識之前突然取消訂單的那位外國客戶，是由他介紹前來找李嘉誠的，說李嘉誠的公司不僅很有規模，而且信譽特別良好。李嘉誠以自己的誠實做人，為自己帶來滾滾的財源。

如果處於順境時講誠信還好理解，處於逆境之時，許多人就很難繼續堅持其誠信，正所謂「良心喪於困地」也。然而，李嘉誠的誠信卻能一貫堅持。他在一九九八年接受電台訪問時說：「在處於逆境的時候，你要自己問自己是否有足夠的條件。當我自己處於逆境的時候，我認為我有足夠的條件！因為我有毅力……始終堅持以誠信待人，願意建立信譽。」所以他十七歲時，就已經知道自己將來會有很大的機會開創事業。

他當時便是抱著這個堅定不移的信念，李嘉誠後來的經商經歷也證實這句話，每當事業出現挫折時，他都可以憑藉自己良好的誠信，順利度過難關，扭轉局勢。

李嘉誠的成功人生，一路走來並非一帆風順，也是荊棘滿地，充滿坎坷，李嘉誠認為化解困難的最佳方法就是始終堅持信譽第一。用你的信譽讓別人相信，你是可以的。

創業初期的李嘉誠年少氣盛，急於求成，一味追求數量，而忽略企業信譽的關鍵—品質。所以，創業不久，一帆風順的李嘉誠遭到當頭棒喝，公司遭受重大挫折。

首先是一家客戶宣佈李嘉誠的塑膠製品品質粗劣，要求退貨。緊接著骨牌效應出現，接二連三的客戶紛紛拒收李嘉誠的公司的產品，還要求賠償損失！

倉庫裡堆滿因為品質欠佳和延誤交貨日期退回的玩具成品，索賠的客戶紛至遝來。還有一些新客戶上門考察生產規模和產品品質，看見這個情形，轉頭就走。

屋漏偏逢連夜雨，銀行知悉李嘉誠的公司陷入危機，立即派人催還貸款。全部員工人人自危，士氣低落。

李嘉誠的公司面臨遭銀行催討、遭客戶封殺的生死存亡的嚴峻局勢。品質就是信譽，信譽是企業的生命。李嘉誠竟然鑄成如此大錯，他深為自己盲目冒進痛心疾首。李嘉誠在母親的開導下，痛定思痛，以坦誠面對現實，力挽狂瀾。

李嘉誠的第一招是「負荊請罪」。首先要穩定內部軍心，這是企業能否生存的關鍵。因此，李嘉誠向員工坦率的承認自己的經營錯誤，並保證絕不損害員工的利益，希望大家同舟共濟，共度難關。

李嘉誠一貫的言行贏得員工們的信任，因此員工的不安情緒得到穩定，士氣不再低落。

後方鞏固之後，李嘉誠就一一拜訪銀行、原料商、客戶，向他們認錯道歉，祈求原諒，並保證在寬限的期限內償還欠款，對該賠償的罰款，一定如數付款。

李嘉誠坦言工廠面臨的空前危機是隨時都有倒閉的可能，懇切的向對方請教拯救危機的對策。李嘉誠的誠實得到業內大多數人的諒解。大家都是業務同伴，李嘉誠的公司倒閉，對他們同樣不利。在李嘉誠的誠心感召下，銀行、原料商和客戶一致放寬期限，使李嘉誠贏得收拾殘局、重振雄風的寶貴時間。

李嘉誠的第二招是立即清查積壓產品，將其分門別類，淘汰劣質產品，選出優質產品，然後集中力量推銷，使資金得以較快回流，分頭償還一部分債務，解了燃眉之急，鬆了一口氣。

李嘉誠的第三招是利用緩衝的喘息機會，對工人進行技術培訓，同時籌款添置先進的新設備，以保證品質。就這樣，經過李嘉誠的努力，在銀行、原料商和客戶的諒解下，終於一步一步的度過劫難。到一九五五年，長江塑膠廠出現轉機，產銷漸入佳境。被裁減的員工全部回公司上班，並且，李嘉誠還補發他們離開期間的薪資，令他們感恩至深。

一九五五年的一天，李嘉誠召開全廠員工大會。他宣佈：「我們公司已經還清各家的債款。這表示，公司已經走出危機。」聽到這裡，員工們歡聲雷動。

然後，李嘉誠噙著熱淚向全廠員工深深的三鞠躬，感謝大家在公司最困難的時候同心協力。之後，李嘉誠親手分發紅包給工廠每一個員工。

災劫和磨難可以使某些人一蹶不振，甚至將其徹底摧毀；另一種人卻可以從中汲取動力，使之成為向上攀登的台階。就如一塊好鋼，愈淬火，愈堅硬，李嘉誠就是屬於後者。

經過這次挫折和磨難，李嘉誠更加成熟。正是這次反向的動力，李嘉誠由一個穩重不足的小老闆，迅速變為成熟的企業家。後來，李嘉誠說：「我有今天的成就，是因為有那一次的挫折作為基礎。」

這次磨難之後，李嘉誠為自己立下做人與做生意的座右銘，並且成為一生的行動準則，這就是：「講信用是做人、做事的根本，即使在最困難的時候也不能放棄。」

商場如戰場，有時候自然少不了短兵相接。當李嘉誠身處逆境時，一些同行企圖趁機搞垮李嘉誠的公司。「信」在李嘉誠的事業中再一次發揮重要的作用。

原來，一些同行雇用一些人到李嘉誠的工廠拍照，企圖用負面宣傳使李嘉誠的公司信譽掃地。果然，他們的照片在報章上發表，鏡頭中是李嘉誠的破舊不堪的廠房。

李嘉誠自然知道這種負面宣傳會使自己的公司再度瀕臨絕境，於是，他決定用誠心打動客戶，充分利用這種免費宣傳反敗為勝。

李嘉誠拿著這份報紙，帶著自己的產品，走訪香港上百家經銷商。

李嘉誠很坦誠的對他們說：「不錯，我們尚在創業階段，廠房比較破舊。但是請看看我們的產品，我相信品質可以證明一切。我歡迎你們到我們工廠實地考察，如果滿意，再向我們訂購。」

經銷商們被李嘉誠的誠懇以及他的優質產品打動，同時敬重李嘉誠有靈敏的商業頭腦，果然到李嘉誠的工廠參觀訂貨。

精明的李嘉誠適時藉助這場惡意宣傳帶來的反作用力，為自己的公司做了一次相當實惠的廣告宣傳，工廠的訂單愈來愈多。

講信用是一個企業管理者的立身之本，只有言出必行的行為才能贏得大家的尊重。

左右皆曰賢，未可也；諸大夫皆曰賢，未可也；國人皆曰賢，然後察之。

【語譯】

左右親信都說某人好，不可輕信；眾位大夫都說某人好，還是不可輕信；全國人都說某人好，就要考察他。

【原文釋評】

孟子指出當權者應該聽聽別人的意見，不能一意孤行，所謂兼聽則行，偏聽則暗，作為管理者更要懂得此理。

不少領導者都有一意孤行的癖好，除了自己的意見以外，根本聽不進別人任何有益的建議。當別人有意見的時候，他們也常常命令別人保持沉默。在組織中發生質疑的時候，出面發出質疑的人很有可能會被貼上「不忠」的標籤，甚至被視為是製造麻煩的人。到底什麼才是判斷反對和不同意見的最佳方式？其實，應該鼓勵勇於發表不同意見甚至是反對意見的人，並注意傾聽。

【經典案例】

戰國時期，一位君王曾經下過一道求諫旨令：「群臣和人民能當面指責寡人之過的，受上賞；上書規勸寡人的，受中賞；能在公共場合議論寡人的過失而被我聽到的，受下賞。」

這道旨令一下，收到極好的效果。一年之後，人們想再進諫言，已經無話可說。這個國家在很長一段時間內，國泰民安，社會穩定。

自古以來，一意孤行、剛愎自用的領導者必定要失敗，這是歷史經驗的總結。

讀過《三國演義》的讀者都知道關羽「大意失荊州」的故事。其實，關羽並不是因為疏忽大意而丟了荊州，而是因為他不能兼聽不同意見的弱點。關羽守衛荊州時，東吳呂蒙做了大都督，呂蒙早就有搶回被劉備騙去的荊州的打算，但是他心知強攻硬取只會使自己吃虧，於是想辦法攻擊關羽的弱點。正巧，關羽沒有親自鎮守荊州，正在外面帶兵攻打樊城，呂蒙一見機會難得，便表面上主動與關羽維持關係，暗中用計矇騙關羽。

他詐稱有病，讓東吳書生陸遜代替自己都督的職位。陸遜剛上任，就以友好的言辭寫了一封信，並備了厚禮，遣使拜見關羽，關羽聽說之後，一下子放鬆警惕性，他還嘲笑孫權說：「孫權見識短淺，竟用孺子為將！」他絲毫沒有把陸遜放在眼裡，認為陸遜無法奪取荊州，反而把荊州守兵抽出攻打樊城。關羽的副將王甫、趙累卻不這麼認為，他們認為東吳必有陰謀，苦勸關羽不要輕易撤走荊州守兵。關羽對東吳近日的行動與跡象沒有認真分析研究，只是知其然而不知其所以然，狂妄的認為東吳膽怯，放心大膽的撤走荊州守兵。但後來事實是，東吳軍隊渡江奪取荊州。

直到此時，關羽對荊州已經失守的消息仍然不相信，當軍中有人私下傳言荊州失守時，他聽後憤怒的制止：「此是敵方訛言，以亂我軍心！東吳呂蒙病危，孺子陸遜代都督之職，不足為慮！」這是何等的目空一切。後來探馬報知實情之後，才相信荊州真的丟失。關羽這才大驚失色，不得已投奔荊州屬地公安，豈知公安也已經被呂蒙奪取。在這進退無路之際，關羽似乎有一絲覺醒，他對身邊的王甫深深歎道：「悔不聽足下之言，今日果有此事！」

如果說，荊州是關羽大意才丟失的還說得過去，關羽敗走麥城則是不聽建議所致。當困守麥城，內無糧草，外無援兵之際，關羽決定拋棄麥城，突圍去西川。可是去西川如何取道他又拒絕王甫的正確建議。去西川本有兩條路可走，一條是大路，一條是偏僻小路，關羽打算從小路去西川，王甫聽後，唯恐吳、魏在小路設下埋伏，連忙建議部隊取道大路。

這時，關羽又犯下一意孤行的老毛病，他固執的不肯聽王甫的話，還自信的揚言：「縱有埋伏，有何懼哉！」堅定不移的要走小路。王甫料定關羽此去凶多吉少，縱然百般勸阻仍是無濟於事，結果呢？父子雙雙遭擒身死。一代英雄豪傑因為不能兼聽不同的意見而釀成重大的歷史悲劇。

一千張羊皮，不如一張狐狸腋窩皮珍貴；千百人俯首順從，不如一人諍言爭辯對事有益。作為一個領導者，應該具有從諫如流的雅量，能夠聽取不同意見，並鼓勵下屬敢於表達不同意見。正所謂「君子和而不同，小人同而不和」，領導者能經常聽取不同意見，於己於人都有好處。

唐太宗問魏徵：「歷史上的國君，為什麼有的明智，有的昏庸？」魏徵回答說：「兼聽則明，偏信則暗。」接著，他列舉歷史上的人與事說：「秦二世只聽趙高的，隋煬帝偏信虞世基，結果耳目閉塞，導致國家滅亡。國君如果能多聽取各方面的意見，採納正確主張，下情上達，就會明智；如果只聽單方面的話，就會被蒙蔽，就會昏庸。」

唐太宗聽了魏徵的話，連連點頭稱好：「明主思短而益善，暗主護短而永愚。」

惻隱之心，人皆有之；羞惡之心，人皆有之；恭敬之心，人皆有之；是非之心，人皆有之。

【語譯】

同情心，羞恥心，人人都有，恭敬心，是非心，人人都有。

【原文釋評】

在分析孟子仁政管理思想的時候，可以發現，孟子的仁政管理思想建立在性善論的基礎之上。以德服人的領導藝術也是同理，作為領導者，只有以德服人，才能讓下屬對企業忠誠。所以孟子認為要隱惡揚善，從正面激勵員工，要求管理者不要吝嗇讚美。

【經典案例】

有一個富翁特別喜歡吃烤鴨，於是用重金聘請一位烤鴨大廚師，每天專門為他烤一隻鴨。大廚師每天烤出的鴨皮香脆、肉質鮮美，香噴可口。但是富翁為人刻薄，即使天天吃到美味的烤鴨，也從來不肯說一句讚美的話。

終於有一段時間，廚師烤出來的鴨都只有一條腿，富翁覺得奇怪，但是礙於身份不好過問。一個星期過後，情況還是這樣，富翁實在忍不住，他問廚師烤的鴨子為什麼只有一條腿？另一條腿到哪裡去啦？廚師回答：「哎呀！您不知道？這些鴨子都只有一條腿，不信我帶您去看看！」

富翁當然不相信廚師說的是真的，便隨著廚師到後院看。這時，因為天氣太炎熱，鴨子們都縮著一條腿站在樹下休息。廚師說：「您看，鴨子都只有一條腿啊！」富翁仍然不信，當即拍了幾下手掌，掌聲驚動了鴨群，它們伸出另一條腿紛紛逃開。富翁說：「你看，鴨子不是都有兩條腿嗎？」廚師回答說：「是的！如果您提前鼓掌，鴨子老早就是兩條腿。」

人人都渴望掌聲與讚美，哪怕只有一句簡單的讚美，都會給人帶來無比的溫馨和振奮。有一位企業家說：「人都是活在掌聲中，當部屬被上級肯定、受到獎賞時，他才會更加賣力的工作。」戴爾．卡內基也曾經說過：「當我們想改變別人時，為什麼不用讚美來代替責備呢？縱然部屬只有一點點進步，我們也應該讚美他。因為，那樣才能激勵別人不斷的改進自己。」

儘量少批評，讚美可以多一點。

如果你希望領導效益降低，不妨在大庭廣眾之下指出某個人的錯誤。「你會使這個人感到困窘，以後他不但不願意跟隨你，可能一輩子都不會原諒你！假如在場的人有支持他的，你的敵人就更多！因此，絕對不要輕易嘗試！」有一位研究領導學造詣極高的學者提出這樣的建議。

讚美是合乎人性的領導法則，適當得體的讚美，會使人感到開心、快樂。這時候，你會聽到這樣的心聲：「他很清楚的讚美我的表現，我就知道他是真摯的關心我、尊重我，並且很熟悉我的工作內容。」同時，你會得到意想不到的回報，就是當人們感到自己的表現受到肯定和重視時，他們會以感恩之心表現得愈來愈出色，愈來愈精彩。

一有機會就讚美你的下屬，永遠不要嫌多。讚美你的下屬，用真誠的微笑來示意和表達，微笑的力量，無堅不摧，微笑是最好的領導。當然，最直接的方式還是用語言表達來讚美別人。

當傑克・威爾許擔任一個有前途的工作小組的主管時，他在辦公室裡安裝一部專用電話，所有直屬的採購人員都可以透過這部電話直接和他通話。任何一個採購人員如果能使賣方降低價格，就可以打電話給威爾許。

不論威爾許當時是在談一筆百萬的生意或是在和秘書交談，他一定會立刻放下一切，親自接電話：「好消息，你使每噸鋼鐵的價格降低五分錢。」一說完，他就會若有其事的坐下來寫一封賀信給那位採購人員。這整個的讚美過程看來既紊亂又含糊，然而威爾許卻憑藉著這種象徵性的行動，使自己及屬下成為英雄。

有七個方法可以增進讚美的能力：

- 讚美前，培養關愛欣賞部屬的心態。這是令你產生讚美意願的唯一方法。
- 讚美要找出值得讚美的事情。

■ 讚美要真誠。

■ 讚美時，配合你關愛的眼神和肢體語言。

■ 一發現員工的優點，就立即讚美他，為他打氣。

■ 讓員工知道你感到自豪高興的心情。

■ 讚美要講究你的語言表達技巧。

工作成績被肯定，是人的價值得到最期望的肯定，當他們得到讚賞和鼓勵之後，會本能的煥發出更多的光和熱。為什麼我們不能學得慷慨一些呢？試著尋找部屬身上值得你讚賞和稱頌的東西，並且真誠告訴他。一開始也許不容易，但是不久就會習慣。

左右皆曰不可，勿聽；諸大夫皆曰不可，勿聽；國人皆曰不可，然後察之。

【語譯】

左右親信都說不好，不可輕信；眾位大夫都說不好，還是不可輕信；全國人民都說不好，就要考察他。

【原文釋評】

這是孟子向梁惠王介紹施行仁政時，要慎重舉薦人才，認為要任人為賢，唯才是舉。這本是說人才的使用的重要性，但是其中對人才的考察，孟子指出要多聽下屬的意見。從這裡也可以看出孟子對管理者要求謙虛接受意見，多與下屬溝通。溝通的最佳技巧就是領導者要傾聽，用傾聽架起溝通的橋樑。

孟子在這裡充分強調傾聽的作用，要求君王多與國人溝通，不可親信一、兩個人的片面之詞。在管理當中，管理者更應該多傾聽，多與員工溝通，才能達到最佳管理效果。

傾聽原本不是複雜的事情，但是很少有管理者願意傾聽，特別是不願傾聽下屬的意見。實際上，管理問題在很大程度上就是溝通問題，八〇%的管理問題實際上就是由於溝通不良所致。而我們又不得不承認傾聽是解決這個問題的最簡單、最有效的方法。

傾聽，不一定代表你對對方談話的認同，它只表示對對方的尊重。每個人都有表達自己想法的權利，每個管理者都希望自己的言語能夠被下屬認真的傾聽。同樣，每位下屬也希望自己的聲音能夠被自己的上級傾聽。

傾聽與「聽見」不同，它反映出管理者對下屬的態度。如果某個管理者認為自己聽見了，就是在傾聽，這是錯誤的，因為傾聽不僅僅用的是耳朵，更要用心。

明白下屬的真正意圖

管理者在傾聽時首先要明白下屬的真正意圖，他到底想說些什麼，是對公司的建議，對某人的意見，還是對待遇的不滿。

由於每個人的性格不同，不同的員工表達自己的觀點，採取的方式也不盡相同。例如，性格較內向的下屬，在表述一些敏感的問題時可能會更加隱晦。這需要管理者在平時多與下屬接觸，多瞭解下屬的動態，這樣對正確瞭解下屬的意圖很有幫助。

站在對方的立場

下屬在談述自己的想法時，可能會有一些看法與公司的利益或管理者的觀點相違背。這時不要急於與下屬爭論，應該認真的分析他的這些看法是如何得來的，是不是其他下屬也有類似的看法。為了更好的瞭解這些情況，管理者不妨設身處地的站在下屬的角度，為下屬著想，這樣做可能會發現一些自己以前沒有注意的問題。

謹慎發表意見

在傾聽結束之前，不要輕易發表自己的意見。由於你可能還沒有完全瞭解下屬的意思，這種情況下妄下結論勢必會影響下屬的情緒，甚至會對你產生抱怨。管理者在發表自己的意見時，要非常謹慎，特別是在涉及到一些敏感的事件時，尤其要保持冷靜，埋怨和牢騷絕不能出自管理者之口。

對員工而言，你的言論代表公司的觀點，所以你必須對你說出的每一句話負責。

做記錄以示重視

在傾聽員工的講述時，最好做一些記錄，一方面顯示你對談話的重視，另一方面也可以記錄一些重要的問題，以免遺忘。管理者對自己做出的承諾也應該加以記錄，做出的承諾，要及時兌現，如果暫時無法兌現，要向員工解釋無法兌現的原因以及替代的措施。

傾聽只需要你給員工也給自己一點時間，讓他們盡情的說，你認真的聽，然後諸多管理的問題不再成為問題。優秀的管理者會用傾聽架起與員工溝通的橋樑，讓管理走向簡單化。

君有過則諫

【語譯】

君王有過錯，便加以勸阻。

【原文釋評】

孟子在這裡指出的是一個職責的問題，君王犯了過錯，作為臣子有責任勸導他。不是一味的說教，而是有技巧、有策略的說服。

同樣，在管理員工當中難免會遇到一些犯錯的員工。對此，我們要採取一些語言和行動上的技巧勸說他們，讓他們認識到自己的錯誤，並心服口服的改正錯誤。以下是幾種比較簡單的方法：

避開衝突，讓對方簡單說是

一個犯錯的員工，一般有抵觸情緒，他的肉體和精神都處於明顯的反抗狀態，這種狀態會使他拒絕任何人的意見。同時自尊心有可能使他頑固的堅持，儘管他以後也許會認為這麼做是愚蠢的。

懂得這個道理，你在勸說對方的時候，就應該儘量不要讓對方把「不」字說出口，以免他固守錯誤觀點，拼命維護他的尊嚴。要盡可能啟發對方說「是」，用「是」的效應使他接受你的影響。人們為了維護自己的尊嚴，維護自我的一致性，也不會在同一個問題上先說「是」，再說「不」。誰願意給人留下一個出爾反爾的印象呢？

這種「是」的反應，其實是一種很簡單的技術。它就是首先避開衝突的分歧，先求同存異，從雙方同意的問題著手，使勸說一開始就充滿愉快的氣氛。運用這種方法的時候，可以指出一些雙方都相信的事實，提出一些雙方都渴望得到圓滿解決的問題，然後再說明這些問題，介紹所掌握的有關這些問題的證據，使對方無意的順從，最終接受管理者的思想和觀點。

說幾句鼓勵的話，效果非同尋常

某企業一名員工因為未調整薪資，氣沖沖的闖進廠長辦公室，大聲叫嚷。廠長一聲不吭，待他平靜時，便說：「小李，你知道這次為什麼沒調你的薪資嗎？」小李說：「不就是因為打麻將？玩玩有什麼不行？」廠長語重心長的說：「我不反對年輕人玩，但是要玩得適當。你一天晚上把一個月的薪水輸光，你妻子哭哭鬧鬧找到我，要我勸勸你。按理說，這是賭博，念你初犯，沒有處分你；之所以沒調整你薪資，是想讓你從中吸取教訓。賭博這玩意害人哪，弄不好，人財兩空。那時，我可擔當不起啊！」小李無話可說，低下頭沉思。廠長拍拍他的肩膀：「好好工作吧，今年的獎勵少不了你啦！」

利用叛逆心理

在改變人的態度時，根據叛逆心理這個特點，把某種勸說資訊以不宜洩露的方式讓被勸說者獲悉，或以不願讓人們輕易得到的方式出現，就有可能使被勸導者更加重視這個資訊，並毫不懷疑的接受它。馬鈴薯從美洲引進法國的歷史就很耐人尋味，它說明利用叛逆心理能成功的改變人的態度。

法國在很長時間內都沒有推廣馬鈴薯的培植，宗教界稱馬鈴薯為「鬼蘋果」，醫生認為它對人體健康有害，農學家則斷言馬鈴薯會使土地變得貧瘠。著名的法國農學家安瑞・帕爾曼徹在德國當俘虜時，親口吃過馬鈴薯。回到法國後，他決心要在自己的故鄉培植它，可是他都未說服任何人，於是他耍了一個花招，在國王的許可下，他在一塊田裡栽種一批馬鈴薯。根據他的要求，由一支身穿儀仗隊服，全副武裝的國王衛士看守這塊土地。但這些衛士只是白天看守，到了晚上就全部撤掉。這時人們受到禁果的引誘，每到晚上都來偷挖馬鈴薯，並把它栽在自己的菜園裡，馬鈴薯就這樣在法國得到推廣。

這說明，愈是對人勸說，有時人們愈不接受；愈不想對人勸說，反而愈能成功的勸說人們。

用懸念誘發其好奇心

在企業中，犯錯的員工有時也有固執的一面，人在固執時，其心理往往處於緊張封閉的狀態。直言相勸恐怕會碰釘子，巧妙的製造懸念，透過賣關子來吊對方的胃口，鬆弛對方的緊張抗拒情緒，轉移其注意力，誘發其好奇心，然後再進行勸說，就比較容易達到目的。

運用歸謬法

歸謬正誤，即歸謬法，它要求欲指出對方之謬時，先假定對方虛假的論題為真，然後從這個論題引申，推導出更為荒謬的結論。

此外，歸謬正誤，也叫「以其人之道，還治其人之身」，就是以對方所說的歪理或所用的方式回敬對方。此種攻心術如果運用得巧妙，往往能「置敵於死地」。

瞭解對方心理，攻其弱點

在勸說犯了錯誤的員工時，要瞭解對方的心理，使用語言或行動來攻擊對方的心理弱點。

例如，某工廠有一個年輕工人，生長在富裕的家庭，又是獨生子，從小受到溺愛，養成好吃懶做的壞習慣。進工廠以後，怕苦怕累，缺乏紀律。為了達到離開工廠的目的，他長期裝病不上班。

這時，同宿舍的工廠主管不是討厭他、疏遠他，而是關心他、親近他，連續三個月，天天為他曬濕的被褥，終於感化他。他痛哭流涕的檢討自己的錯誤，從此以後，工作積極，努力鑽研技術，成為工廠的優秀員工。這種真誠的關心、愛護對方的方法，對改變其態度大有作用。

人不可以無恥。無恥之恥，無恥矣

【語譯】

人不可以不知羞恥。從不知羞恥到知道羞恥，就可以免於羞恥。

【原文釋評】

孟子提倡人性本善，認為「人皆有不忍之心」，有「惻隱之心」、「善惡之心」、「恭敬之心」、「是非之心」，也有羞恥之心。孟子的這些觀點都是從正面論述。其實在管理中，我們也可以從反面來思考問題。

雖然稱讚的話誰都愛聽，一般人都喜歡用稱讚激勵別人。然而，斥罵也是一種簡單有效的激勵，尤其在關鍵時刻往往更能激起人的自尊心和好勝心，「知恥而後勇」，完成一些極為艱鉅的任務。

【經典案例】

鮑洛奇堅信一種觀點：想要管理一個企業，就必須完全摒棄個人的感情因素。他只能根據客觀效果評價員工的工作成績。工作表現好，無論出力與否，他都加以表彰；工作表現欠佳，再努力也免不了挨一頓罵。

有一次，美國食品大王鮑洛奇準備建一座新的加工廠，有人向他介紹一個地方，還特地為他提供一些關係。鮑洛奇派了一名很善於交際的下屬對新廠址進行調查，並把這份公關名單交給他，讓他與這些人拉近關係，多傾聽他們的意見。

過了一段時間，鮑洛奇前去視察工作，他發現，那位負責人與當地名人的關係非常融洽，大家都表示願意為鮑洛奇的新工廠提供幫助。然而，這位善於交際的負責人卻忽略新工廠的用水問題。他既沒瞭解工廠用水的費用，也沒有瞭解他們自行鑽井取水的相關權利問題。在返程的飛機上，鮑洛奇對那位負責人表達他的不滿。

「可是我對其他的問題都處理得非常妥善，不是嗎？」那位負責人很不服氣。

「假如你是這架飛機的駕駛員，」鮑洛奇一臉嚴肅的說，「機上有這麼多顧客，卻因為沒有排除飛機上的一個小問題，最後你會把大家都扔到海裡餵魚。」他說完便轉身離開，留下那位負責人一個人在那裡發呆。

飛機降落之後，那位負責人立即搭乘返程的飛機回去，徹底解決用水的問題。

還有一次，鮑洛奇鑒於產品需求量愈來愈大，決定興建一座新的加工廠。他派了一批得力助手負責新工廠的建設。他本人只是在預定開工日期前三個星期，搭乘飛機前去查看工作的進展情況。

飛機抵達時，已經是晚上九點多鐘，鮑洛奇直接乘車前往新廠房視察。到達工廠時他發現，廠房裡還沒有裝好電燈，只在工地中間臨時裝了一個電燈照明。昏黃的燈光下，四周亂七八糟堆放的東西顯得一片狼藉。

鮑洛奇回過頭看了看他的工作人員，在暗淡的燈光下，他的愛將們滿臉疲倦，強打精神擠出一絲極不自然的笑容。

鮑洛奇默默的看著這些下屬，從他們的臉色中不難看出工作很艱辛。然而，他知道，新工廠如果不能如期開工，將會使整個公司陷入一片混亂。

「我看了這裡的情形，簡直糟透了！別說三星期，三個月之內能夠開工就不錯了。看看你們，一個個垂頭喪氣，這是工作的樣子嗎？」

話一說完，鮑洛奇拂袖而去，絲毫不管愛將們的滿腹委屈。當工廠按時開工時，一位員工告訴鮑洛奇：「您的不通情理激怒了我們，我們決心讓你知道我們的厲害。不過，工廠能如期開工，真要多虧您對我們的刺激，它激發大家的好勝心，使我們創造奇蹟。」聽了這些話，鮑洛奇露出得意的笑容。

鮑洛奇這種完全不近人情的管理方式，許多人表示不理解，甚至有的人因此給他冠上「暴君」的稱呼。鮑洛奇卻仍舊我行我素，他認為自己的這種管理方式正好是考慮到員工們最根本的要求。

每個到公司工作的人，都希望能夠有機會發揮自己的本領，希望能夠拿到更高的薪水，因此如果對每個人的疏忽都採取放任的態度，就會造成賞罰不明：優秀的員工得不到應有的榮譽，善於找藉口的人反而會得意洋洋。長此以往，員工的創造性和進取心將會受挫。這是鮑洛奇絕對不能容忍的，真正具有事業心的員工也會對此失望。

也許鮑洛奇是對的。他的斥罵管理方式雖然不近人情，但是卻給公司帶來效率，也在企業內部形成直率、公平的風氣，公司也因此得到發展。

其實，人是一種非常奇妙的感情動物，他似乎有無窮的潛力，但是經常很容易陷入情感的漩渦中不能自拔。一句熱情的鼓勵會令人信心百倍，可是強硬的命令卻會使人產生不滿。對此，如能採用激勵式的管理方法往往能收到意想不到的效果。

每個人對自己都有很高的期望，他們認為自己擁有別人所沒有的某項特長，同時也希望別人能夠承認這一點。當一個人自我感覺良好的時候，他會變得很堅強，很努力，他會想盡辦法表現自己，這時往往會收到「百尺竿頭，更進一步」的效果。相反的，當一個人所聯想到的不是成功的喜悅而是失敗的懊喪時，他就可能垂頭喪氣、心灰意冷。聰明的主管從來不會運用制度的強制力來達到目的，他們總是盡可能從感情上激發部屬的信心，透過員工對自己自覺的管理代替制度的約束。

公都子曰：「滕更之在門也，若在所禮，而不答，何也？」

孟子曰：「挾貴而問，挾賢而問，挾長而問，挾有勳勞而問，挾故而問，皆所不答也。滕更有二焉。」

【語譯】

公都子說：「滕更在您門下學習，似乎應該在以禮相待之列，可是您卻不回答他的問題，為什麼呢？」

孟子說：「倚仗著自己的權勢發問，倚仗著自己賢能發問，倚仗著自己年長發問，倚仗著自己有功勞發問，倚仗著自己是老朋友發問，都是我所不回答的。滕更有這五種中的兩種。」

【原文釋評】

這似乎是公都子為滕更向孟子求情的一番話，孟子直接指出滕更的毛病。人應該皆有謙虛之心，不要自以為是。在老師的門下固然應該如此，向其他人請教又何嘗不應該如此呢？

美國歷屆總統中，最肯虛心求教的，莫過於老羅斯福。他對於他所信任的人，總是放心託付。他每次遇到一件要事，常常召集與那件事有關的人員開會，詳細商議。有時為了使自己獲得更多的參考，甚至發電報至幾千里外，敦請他所要請教的人前來商議。

美國早期政界名人路易士・喬治，治理政務也以精明周密而聲名遠播，但是他對於自己的學問還是常常感到懷疑。每當他做好財政預算送交議會審核之前，幾乎每天都和幾位財政專家聚首商議；即使一些極細微的地方，也不肯放棄求教的機會。他的成功秘訣，可以一言以蔽之，就是：多多求教於人。

有人說，美國鋼鐵公司的總經理賈里最愛聽人對他發表意見，尤其是指責他的過失。他常常徵求公司員工的意見，任何人對他說話時，他無不傾耳恭聽。

古今中外的偉人中，善於使用「求教於人」成功秘訣的，真是多得不勝枚舉，我們可以說，通常身為領袖的人物，大多有樂於徵詢他人意見的習慣。我們更可以說，從一個人能獲得外人幫助的大小，可以決定他的偉大程度。

一個聰明、有所作為的大人物，最能利用種種方法使人自動向他提供意見，並且善於審查這些意見，從中吸取有益於自己的加以利用。反之，庸碌無能的人，往往不懂得徵詢他人意見的方法，即使獲取人家的意見，也不能加以正確的選擇和適當的利用。

也許你常常把自己能獨斷獨行當作一件值得驕傲的事，把聽取他人的意見當作是可恥的事，其實這是一個謬見。當人家提出許多意見供你參考時，正是你可以把事情做得更加完美無缺的機會。如果你錯過這種機會，蒙受最大損失的，不是別人，而是你自己。

【經典案例】

在第一次世界大戰時，魯賓遜上校正在前線督戰，屬下有兩個違反軍紀的軍人，逃到德軍前線。魯賓遜立刻命令他隊伍中的一個上尉，帶領一支兵馬，前去將犯人帶回。但是這個上尉是一個有勇無謀的人，事先既不周密計畫，也不徵詢別人的意見，單單仗著愚勇，草率的前去血戰，結果吃了一場敗仗，全軍覆沒。

在失敗的消息傳來之後，魯賓遜只好再命令另一位上尉，率領另一支兵馬前去。這個上尉深明成功的訣竅，他先去找一位法國軍官，把自己將要實施的計畫告訴他，並徵詢他的意見。那位法國軍官當然樂於指教，便根據自己的經驗，告訴他一個最妥當的方法，他照著這個方法做，果然將犯人全數帶回。

同樣是兩個勇敢的上尉，只因為前者喜歡獨斷獨行，以致功業無成反而遭受殺身之禍；後者由於肯向人虛心求教，不但保障自己的生命，還圓滿的完成任務。所以我們說，求教於人不但不是一種可恥的行為，反而更顯示一個人有思想、肯進取、有機智。試想，你獨斷獨行，即使僥倖成功，又有什麼值得驕傲？

也許你常常看見有一些經驗豐富的人，能夠獨斷獨行而百無一失，便覺得萬分羨慕。其實你只知其一不知其二，那些人能夠獨斷獨行而百無一失，正是由於他們在平日願意多吸收學識，累積多年經驗的結果。他們的作為絕非學淺識陋、專以自炫「聰明」而獨斷獨行的年輕人所可比擬。

當柯金斯擔任美國福特汽車公司總經理時，有一天晚上，公司裡有事要發通知信給所有的營業處，因為十分緊急，所以這天晚上公司裡的員工全部加班，連總經理柯金斯先生也一同工作得十分緊張。

當時，柯金斯命令一個做文書的下屬幫忙套信封，那個年輕職員認為做這種事情有礙他的身份，便爭辯說：「我不願意做！我到公司，不是來做套信封的工作。」

柯金斯聽了這句話當然怒上心頭，但是他若無其事的說：「好吧，既然做這件事對你是一種侮辱，就請你另謀高就吧！」

那個年輕人一怒而出，跑了許多地方，換了好幾種工作，最後他還是鼓起勇氣重新回到福特公司工作。他與柯金斯先生見了面，很誠摯的說：「我在外面經歷許多事情，經歷得愈多，愈覺得我那天的行為錯了。因此，現在我仍然想回到這裡工作，不知你還肯任用我嗎？」

「當然可以。」柯金斯說，「因為現在你已經完全改變。」

柯金斯先生提供給那位年輕人的意見並沒有錯。如果那個年輕人當初接受他的意見，又何必到外面白費力氣呢？後來，柯金斯先生述及此事時說：「那個年輕人開始尊重別人的意見，不再獨斷獨行，現在他已經成為一個很有名的大富翁。」

其實，世上再沒有比聽取別人的意見更容易做到的事，但是一般經驗不足的人，大多不願那樣去做，難怪他們會到處碰釘子。

如果你希望做事少碰釘子，最聰明的辦法就是多多參考別人的意見。有許多意見，常常是人家付出極大的代價換得的經驗之談，它既然肯讓你不費吹灰之力的利用，你又何樂而不為呢？

第五章：孟子的用人之道

人才是公司的核心，把人才用在最能發揮特長的地方，就是對人才最好的發掘和激勵，必定能使他最大限度的為公司服務。孟子在二千多年前就提出人才的重要性，他認為「貴德而尊士，賢者在位，能者在職」（《孟子．公孫丑上》）是實行仁政的重要措施之一。

尊德樂道，不如是不足與有為也。故湯之於伊尹，學焉而後臣之，故不勞而王；桓公之於管仲，學焉而後臣之，故不勞而霸。

【語譯】

君王要做到尊重德行喜愛仁道，不這樣就不能夠做到大有作為。因此商湯對伊尹，先向伊尹學習，然後才以他為臣，於是不費力就統一天下；齊桓公對於管仲，也是先向他學習，然後才以他為臣，於是不費力氣就稱霸諸侯。

【原文釋評】

孟子充分強調人才的重要性。「人」是特殊資源，領導者必須要充分利用，才有利於發展。

【經典案例】

《戰國策．燕策一》記載：燕國國君燕昭王（西元前三一一～前二七九年）一心想招攬人才，許多人卻認為燕昭王僅僅是葉公好龍，不是真的求賢若渴。於是，燕昭王始終尋覓不到治國安邦的英才，整天悶悶不樂。

後來有一個智者郭隗講述一個故事給燕昭王聽，大意是：有一國君願意出千兩黃金購買千里馬，然而過了三年，始終沒有買到，又過了三個月，好不容易發現一匹千里馬，當國君派手下帶著大量黃金去購買千里馬的時候，馬已經死了。可是被派出去買馬的人卻用五百兩黃金買回來一匹死了的千里馬。國君生氣的說：「我要的是活馬，你怎麼花這麼多錢買一匹死馬回來呢？」

國君的手下說：「你捨得花五百兩黃金買死馬，更何況活馬呢？我們這個舉動必然會引來天下人為你提供活馬。」果然，過沒幾天，就有人送來三匹千里馬。

郭隗又說：「你要招攬人才，首先要從招納我郭隗開始，像我郭隗這種才疏學淺的人都能被國君採用，那些比我本事更強的人，必然會聞風而來。」

燕昭王採納郭槐的建議，拜郭槐為師，為他建造宮殿，後來沒多久就引發「士爭湊燕」的局面。投奔而來的有魏國的軍事家樂毅，有齊國的陰陽家鄒衍，還有趙國的遊說家劇辛……燕國一下子便人才濟濟。從此以後，一個內亂外禍、滿目瘡痍的弱國，逐漸成為一個富裕興旺的強國。接著，燕昭王又興兵報仇，將齊國打得只剩下兩個小城。

如何將企業治理好，一直是管理者的一個「研究課題」。想要管理好企業，必須網羅人才，韓國的三星集團便是最著名的例子。

一九八〇年，一向以新科技之國自稱、重視利潤的美國首先提出一句簡單而深刻的口號：「人，是我們最重要的資產。」這句話立刻在世界引起極大的迴響。

人，是管理中的核心要素，把人管好了，其他事情便會迎刃而解。在當今知識經濟社會中，人力資源成為所有資源中最重要的資源，企業的競爭，實際上演化為人力資源的競爭。

人力資源管理已經成為企業取勝的法寶，誰掌握這個法寶，誰就向勝利前進一步。人員管理是企業管理中的重中之重。企業的管理者怎樣讓員工最大限度的發揮其作用，同時對員工進行有效的掌控，是人員管理的關鍵所在。

韓國的三星集團在企業管理中，始終把人的管理放在企業工作的首位，確是明智之舉。

三星集團的前身是一九三八年創辦的三星商社，這是一家做進出口貿易的小公司，從五〇年代起開始起步，企業迅速發展。目前，它已成為韓國名列前茅的大財團，擁有二十多個企業，八萬多名員工，年營業額超過三百億美元，是名列世界前三十名的著名大企業。

三星集團董事長曾經一語道破它成功的秘密，就是他們始終奉行「人才第一」的原則。

一九五七年，三星集團成為韓國第一個透過考試選拔人才的企業，他們每年都要進行選拔，董事長親自與考入三星的人才面談，勉勵他們為企業努力工作，同時發現一些更加優秀的人才。

三星集團始終把五分之四的時間用來吸引和培訓人才。他們選擇人才依據是智慧、人品和健康，注重一個人的完整性，一旦被錄用為企業員工，就對其投入大量資本培養和訓練，使員工早日適應企業的應用和要求。

三星集團是韓國第一個設有培訓中心的企業，企業嚴格執行員工必須經過培訓才能就職的制度，員工每隔幾個月都要進行重新培訓，以便更新知識。在培訓班上，董事長會親臨講話，「三星的人都是精英，要集合所有精英的力量，才能發揮最大的作用」。每年，員工都要到培訓中心接受三次以上的進修，在不斷的進修學習中，適應科學技術的新發展。

三星集團對銷售人員也非常重視培訓。他們規定參加培訓的人每兩人為一組，身上不准帶錢，只允許帶三星的產品。他們乘坐公共汽車時，因為身上沒有錢，就只能賣掉身上所帶的產品，凡是在訓練規定的十小時內，最早賣完產品或以最高的價格賣掉產品的人，就能獲得最高成就。否則，業務員不但沒有錢乘車，吃飯也成問題。透過這樣的培訓，鍛鍊他們的工作能力，從中也可以發現一些人才。

三星集團把一些有活力、有才智的人放到工作前線，對他們進行獎勵和提拔。每半年對員工的工作進行評定。對於工作誠懇的人，對於企業的未來發展有正確見解和敏銳眼光的人，對於能夠敏捷的掌握形勢動態的人，對於取得顯著成就的人，分別給予各種獎勵和晉升薪資，有些還被提拔到更高的位置。

三星集團在人力資源的開發和運用上，高瞻遠矚，措施得力，所以三星企業網羅一大批優秀的人才，這些人才使企業迅速發展，三星集團在家用電器、電腦從生產領域走到世界的前端，與三星的人才不無關係。

管理之道，唯在用人，人才是事業的根本。傑出的領導者應該善於識別和運用人才。只有做到唯賢是舉，唯才是用，才能在激烈的社會競爭中戰無不勝。

人才就是效率，人才就是財富。得人者得天下，失人者失天下。

貴德而尊士

【語譯】

以仁德為貴，尊重有才能的人。

【原文釋評】

孟子在此一再強調要尊重賢才，愛惜良才，國家才能興旺。企業的存在和發展，歸根究底是依靠人才的支撐，企業的利潤來自於人力資源的最大發揮。眾多成功的企業在其千差萬別的理由中，都有一條最基本的因素，就是有效的人才資源的開發。

【經典案例】

日本東京吉信公司就有一個重視人才的成功典範。該公司有一個剛畢業不久的大學生大橋秀次。在剛剛進入公司時，被安排到基層工作。不久，他就顯示出他工作中非凡的才華，引起總經理的注意。於是，總經理馬上給大橋秀次加薪，並委以重任。為了表示對他的愛護，他甚至把大橋秀次的家人接到自己家裡，把自己的住房讓出一部分。

大橋秀次本來想跳槽到其他公司，就任一個更高的職位，但是總經理的這些做法深深打動他，他因此留了下來。

後來，這家企業正是靠著大橋秀次的卓越才華，在短短幾年裡，開發出一系列出類拔萃的新產品，使吉信公司不斷發展壯大，在國內外市場屢創佳績。

法國艾尼製衣公司亦有同樣的例子。艾尼製衣公司的總裁因為公司業績不佳、困難重重，企業面臨倒閉的危險而愁眉不展。有一次，他到路旁的一個小裁縫店。在店裡他遭到這個裁縫的譏諷，說他這個製衣公司的總裁衣著品味竟如此之差。

吃驚之餘，他仔細觀察這個裁縫的手藝，發現他的設計非常新穎、獨到。如果把這些樣式的服裝拿到自己服裝公司賣，一定會大受歡迎。

經過打聽，他知道這個裁縫是服裝設計的奇才，叫做西蒙尼，曾在法國最大的服裝公司裡當過設計師。只是這個人的個性太強，不會與人相處而受到排擠，他因此離開那家公司，自己開了一間小店。

艾尼公司的總裁決定親自請西蒙尼到自己的服裝公司。第一次去，西蒙尼沒有理會他，因為他的店生意很好。第二次去，他還是沒有答應。第三次，西蒙尼終於被打動了。這樣，他成為艾尼製衣公司的首席設計師，拿著豐厚的薪水，住著豪華的公寓，工作時間非常自由，由他自己安排。

西蒙尼在享受生活的樂趣之時，心情好，思考不受限制，創作靈感不斷湧現。由於他的設計兼有實用性和美觀性，有個性又高雅，產品進入市場以來，供不應求，訂單源源不斷，很快改變企業的命運。

美國容器公司的董事長威廉・伍德希也上演了同樣的例子。他唯才是舉，惜才若金，為企業創造了驚人的奇蹟。

美國容器公司一直希望在金融界尋求發展的機會。長期以來，一直尋找不到適合的人選。後來，這位董事長看中來自中國的金融奇才蔡志勇。為了得到這個人才，他不惜動用一・四億美元，收購由蔡志勇為董事長兼首席執行董事的財務控股公司，並立即邀請蔡志勇出任容器公司的董事。

在此之後，蔡志勇憑藉容器公司的強大財力和自己在金融界的經歷及超人的智慧和才華，在金融界進行大手筆運作。在四年時間裡，他為容器公司增加十億美元的資產，使得容器公司逐步形成完整的金融體系和不斷發展的網路。

國君進賢，如不得已，將使卑踰尊，疏踰戚

【語譯】

國君選擇賢才，在不得已的時候，甚至會把原本地位低的人提拔到地位高的人之上，把原本關係疏遠的人提拔到關係親近的人之上。

【原文釋評】

孟子認為，國君提拔人才要摒棄等級觀念，任用有才能的人。雖然孟子當時是為統治階級服務，仍有很強的階級觀念，但是孟子提倡不拘一格的提拔人才的觀念是相當先進的。在現代企業管理中，人才是管理的重中之重，在選拔人才方面，堅持的原則就是要不拘一格，實力勝過資歷。

管理者要培養實力勝於資歷的觀念，讓員工憑藉實力參與競爭。如果一味按照資歷提拔人才，久而久之，員工就會喪失對工作的熱情和積極，發揮潛能，快樂工作，都只不過是空談。

【經典案例】

讓員工快樂的工作表現在用人方面有很多種，提拔是其中比較有成效的方式之一。松下幸之助提拔人

才有什麼要領呢？松下幸之助用人的基本原則是「量才適用」，即不受年齡、學歷、性別的限制，完全憑才能、品德、經驗來衡量，以決定升降。

松下幸之助認為，這些應該是提拔人才的基本準則。在我們看來，這也可以作為讓員工勤奮快樂工作的巨大推動力。因為員工如果憑藉真才實能而得到提拔，就會給他們一種有付出就有回報的感覺，進而促使他們更加努力工作以求得到更大的回報。

但是，鑒於論資排輩的傳統習慣的影響，松下幸之助認為依上述原則的提拔也不應該草率。因此，在強調量才適用的同時，也應該考慮年資考績，即把員工的提升與在本企業服務時間的長短，結合在一起。和年輕人比較，年長者經驗充足，他們的年資和經驗這兩項，很容易受到年輕人的愛戴和擁護，所以對公司的業務也是大有益處。

年資考績和量才適用，各有優缺點，怎樣協調二者呢？松下幸之助憑著多年的經驗提出一個比例，即在提升的時候，考慮的因素中年資佔七〇％，才能佔三〇％，這樣的比例比較適合。

如果是相反的比例，就可能因為經驗不足，不利於工作的進行。

雖然年資、才能的比例之和是一〇〇％，但是提拔一個人的時候，不一定要有一〇〇％的把握。因此，有時候為了公司的前途和業績要敢於冒一些風險。松下幸之助在實際工作中就實施這樣的制度，他認為，如果確信某人有六〇％的能力，便可以試著把他提拔到更高一級的職務。其中這六〇％是判斷，其餘四〇％是下賭注。應該注意的是，有些人看起來只有六〇分，但是由於公司的信賴和支援，往往能極其出色的完成工作。

松下幸之助告訴我們，有年資的員工容易令人信服，有才能的年輕員工被突然提拔到高職，可能就不是如此。因此，提拔有才能的年輕人，不僅只是提拔，還要再加扶持，就是說，還要在提升的同時給予切實的支持。松下幸之助的做法是，把年輕人提升為課長時，還應該讓課內資格最老的員工代表全體課員向新任課長宣誓：「我們誓言服從課長的命令，勤奮的工作。」這麼做很快就能提高新任課長的威信。

正因為如此，管理者才能感受到生存的價值，才能有動力，才能快樂的工作，生活才有趣味，在逆境中才會有轉機。

如果可以感受到這些，就不會覺得責任是一種束縛，而是一種驅動力，也不會對繁忙的工作感到倦怠。

這些觀念就如同運動能促進血液循環一樣，可以使自己在忙碌的工作中忘卻疲勞。對員工的獎賞也在松下幸之助的用人經驗之列。他考察歷史上各種獎賞性質與特徵，他看到，有時候功勞是和才能相稱的，所以晉升是應該的；有的則不同，可能發生功勞、才能和職位脫節的問題。

松下幸之助吸取種種經驗教訓，做出自己關於獎賞的回答。松下幸之助本人是松下電器的創始人，功勞自然是巨大的，才能自然也不凡。但是，在他年事尚不算高的時候便急流勇退，把管理大權交給有才能、有精力的年輕人。他的這種舉動，對於同樣對松下電器有功的人員來說也是一種促動。這樣就可以讓很有功勞卻缺乏才能或精力的人能及早離開職位，讓卓有才能、精力充沛的人走上高位，這是企業發展的生命力所在。

松下幸之助說：「對於有功者在公司的任職，要非常注意。」

一般來說，對有功者應給以「俸祿」，在公司就是要給予高額獎金。對有功者予以高職位回報的做法是錯誤的，高職位應該與高能力配合。如果不是這樣，結果是顯而易見的。任何一個經營者都不能囿於成見和習慣勢力的壓迫而委高職位於才能平庸的功臣。

儘管這樣做比較困難，但是為了公司的前途，非如此不可。

松下幸之助信服日本政治家西鄉隆盛的一句格言，也應該成為任何一個管理者的警言：

「對國家有功者應該給以俸祿，但不能因為有功勞而給予高職位。該給予職位者，必定是具有與職位相匹配的能力與見識者。若將職位給予有功勞而無見識者，國家必致衰敗。大家都知道，日本民族是東方文化的代表之一，東西方文化的差異，在他們的身上表現得比較明顯。就企業經營管理來說，日本與西方式經營管理的代表——美國，也有顯著的差異，其中之一就是用人問題上的差異。」

在美國，沒有傳統文化的束縛，年齡、資歷等因素在他們社會生活中並不那麼重要。日本則不同，無論社會生活中的哪個領域，年齡、資歷都是極其受到重視。與中國的「論資排輩」相仿，日本有「年功序列制」，服務年限，舊有的貢獻，都是加薪、升職的重要條件。即使是開明的松下幸之助，對此也不能完全隨心所欲，他也有極多無可奈何的時候。

不過，松下幸之助還是清楚的看到年輕人的力量，主張「實力勝於資歷」、「讓年輕人擔任高職位」。松下幸之助之所以提出這樣的主張，有其生理的、社會的理論依據。松下幸之助認為，一個人，三十歲是體力的頂峰時期，智力則在四十歲時最高。

過了這個階段，智力、體力就會下降，慢慢的走下坡。儘管也有例外，但大部分的情況都是如此。因此，職位、責任都應該與此相適應，這才是合乎規律。

閱歷、經驗，當然是年長者多一些，但是這並不等於「實力」。松下幸之助提出的「實力」概念很有意思。他認為，有實力，不僅要能知，而且更要能行，知行合一，才是實力的象徵。老年人也許能知，但是往往力不從心，未必能行。相較來說，還是三、四十歲的人更具實力。有實力的人，當然應該委以重任。

不過，一個大公司由於有各種各樣的職位，其中有一些還是頗適合老年人。但是面對困難時的攻堅、衝刺，就非年輕人不可。松下幸之助認為，國家遇到困難，公司遇到困境時，要靠年輕人的力量才能突破難關，其原因就在於年輕人具備實力。

同樣，創新也是離不開年輕人，這是與人在各年齡階段的生活觀念相聯繫。人的眼光也有年齡的區別：年輕人向前看，中年人四周看，老年人回頭看。因此，老年人易於保守，給他們創新的任務顯然不適合，這項使命應該放在年輕人的肩上。

但是，根深蒂固的東方文化傳統，並不輕易容許年輕人脫穎而出。松下幸之助深知此點，因此他有一個緩衝的辦法，就是經常聽取年輕人的意見。松下幸之助在決定一件事的時候，往往要吸取年輕人的意見，親自向他們詢問。如果年輕人直接把自己的意見說出來，即使正確並富有建設性，也會因為人微言輕而不被採納；但是如果公司首先徵求他們的意見，從經營者自己的口中說出來，份量就大不一樣，這就是巧妙的領導藝術。

松下幸之助很看重和欣賞這種技巧，他認為年長的企業領導者應該吸取年輕人的智慧，巧妙的進行工作。

松下幸之助對數千年形成的東方民族「重年資」傳統的弊端看得很清楚。在一次會議上，他諄諄告誡手下的部屬們：「現在的年輕幹部，過十年、二十年就會老了，那時候不管你的地位是什麼，論實力都比不上四十幾歲有才能的人，假如由他們代替你們的職位，就更能促使公司的發展。但是日本的情勢、人心向背，各種因素錯綜複雜，這個設想未必能順利進行。但是，千萬要記住，如果可以代替，對公司的發展是有益的！」

尊賢使能，俊傑在位，則天下之士皆悅而願立於其朝矣

【語譯】

尊重賢才，使用能人，傑出的人物都有職位，天下的人士都樂於在朝任中擔任一官半職。

【原文釋評】

孟子認為，治理國家，就是要尊重賢才，使有才能的人都有適合的職位，這樣國家才會興旺繁榮。在現代企業人力資源管理當中，最重要的一點就是要量才適用，把適合的人放在適合的位置。

要使整個團隊的力量增加，最好的方法就是讓適合的人在適合的位置，這樣就不會出現一塊木板有缺陷，使一整桶水都漏完的現象。哪怕真的有一塊木板短了，另一塊木板能代替，也不會影響整桶水的容量。這就需要完善人才資源的開發，就是「讓適合的人在適合的位置」。想要做到這一點，必須做好人力資源的開發和規劃。這樣，既可以保證人力資源管理活動與公司的戰略方向和目標保持一致，促使人力資源管理的各個環節、各個階段相互協調、相互銜接，又可以為公司增加無形資產。

每個員工都有其自身的知識背景和性格特點，工作的性質往往會影響個人能力的發揮。某種人員安排，可能會使他勝任原本高於其自身能力的工作，也可能使其僅發揮原有能力的一半。因此，人員的配置

有效率，運用適當，則事半功倍；運用不當，不僅埋沒人才，而且影響整個公司運轉的效率。此外，即使是一個才智出眾的人，也不可能勝任所有的工作，應該把他安排到他最擅長的工作。

對人力資源進行管理，主要分為兩個階段，就是在求職者來公司之前和來公司之後。想完善公司人力資源管理，必須在兩個不同的階段都做好工作。

來公司之前的工作，主要是招聘工作。要做好這個工作，主管部門應該做好計畫，對應聘人員做到心中有數，尋找最適合你的真正的人才。

美國西南航空公司的經驗就值得借鑒。

【經典案例】

西南航空公司有幾十年的歷史，是該行業中唯一一家賺錢的企業。公司連續獲得美國交通部頒發的最佳顧客服務獎、最佳準點航班獎、最佳行李搬運獎。

一九九四年，西南航空公司的總經理被美國著名雜誌《幸福》評為美國最佳總經理。當年有將近十二．五萬人向西南航空公司申請所空缺的三千個職位。

總經理非常重視招聘工作，把它當作一件大事處理，他說：「我們要聘請素質最好的人，教他們所需要的任何技能。」

有一次，公司要在一個叫阿馬利羅的小鎮上招聘一名客機代理商。人事部門的經理在面試完三、四個人之後，仍然沒有找到適合的人選，他們非常著急，想隨便找一個人應付。但是總經理卻說，為了找到適合的人選，找再多的人也不要緊。在他看來，人是公司一切發展的源頭，沒有必要在招聘問題上節約金錢、時間、人力。

招聘工作要考察專業、細節，包括待人接物的態度，是否具有嚴謹的態度、良好的習慣等。

有的企業強調要聘請「有激情、善應變、充滿活力的人」，英國的一個銷售服務公司的總裁卡瑞•韋澤斯，他就認為自己成功的關鍵在於「和許多狂熱的份子打交道」，需要時就聘請他們，如果他們確實優秀，就會提升他們到相應的位置。

有的公司希望聘請有經驗的人，這些人可以立即投入工作，不需要培訓。有的公司希望聘請沒有經驗的年輕人，充分保留和發揮他們的想像力。百事可樂公司之所以能保持年利潤二百五十億美元，就在於他們常聘請二十多歲的年輕人。只有加以重視，注重細節，注重自己要求的特質，公司才能從中發現最適合的求職者。

一般來說，管理者不可能一次就把人才放到最適合的位置，這需要公司的管理者繼續進行考察之後重新調整。

百事可樂公司的總裁卡洛威曾經說過，公司管理者的任務就是「操縱人的方向盤」。卡洛威制定各類人員的能力標準，每年他要不斷的在公司中巡視，與下屬交流，主持大約六百次業績考核。

如果經過考核發現某個人不符合他的職位，卡洛威會提醒他進行改進，經過一段時間，再進行考核，如果已經達到要求，第二年就會按照慣例提出更高要求。

卡洛威的考核將公司的管理人員分為四等：最優秀的（將得到提升），合格的（可以晉升，但是目前暫不安排）；基本合格的（仍在現在的職位工作或接受專門培訓）；不合格的（將被淘汰）。

卡洛威的人才資源的管理是成功的。雖然可口可樂的銷售比百事可樂多，利潤是百事可樂的兩倍，但是百事可樂卻在飲料業之外經營餐館業和速食業，這些利潤又是可口可樂沒有的，以致於百事可樂的收入每五年成長一倍。這些成就的取得，卡洛威認為是在於「人」字的妙用。

在一次宴會上，唐太宗對王珐說：「你善於鑒別人才，尤其善於評論。你不妨從房玄齡等人開始，都一一做些評論，評論他們的優缺點，同時和他們互相比較，你在哪些方面比他們優秀。」

王珐回答說：「孜孜不倦的辦公，一心為國操勞，凡所知道的事沒有不盡心盡力去做，在這方面我比不上房玄齡。常常留心於向皇上直言建議，認為皇上能力德行比不上堯舜很丟臉，這方面我比不上魏徵。文武全才，既可以在外帶兵打仗做將軍，又可以進入朝廷擔任宰相，在這方面我比不上李靖。向皇上報告國家公務，詳細明瞭，宣佈皇上的命令或者轉達下屬官員的彙報，能堅持做到公平公正，在這方面我不如溫彥博。處理繁重的事務，解決難題，做事井然有序，這方面我也比不上戴胄。至於批評貪官汙吏，表揚清正廉署，嫉惡如仇，好善喜樂，這方面比起其他幾位能人來說，我也有一技之長。」

唐太宗非常贊同他的話，大臣們也認為王珐完全說出他們的心聲，都說這些評論是正確的。

從王珐的評論可以看出唐太宗的團隊中每個人各有所長，但更重要的是，唐太宗能將這些人依其專長

運用到最適當的職位，使其能夠發揮自己所長，進而讓整個國家繁榮強盛。

未來企業的發展不可能只依靠一種固定組織的型態而運作，必須視企業經營管理的需要而有不同的團隊。所以，每一個領導者必須學會如何組織團隊，如何掌握及管理團隊。企業組織領導者應該思考每個員工的專長，安排適當的位置，並依照員工的優缺點，做機動性調整，讓團隊發揮最大的效能。

主管人員的任務在於知人善任，提供企業一個平衡、緊密的工作組織。

今天下地醜德齊，莫能相尚，無他，好臣其所教，而不好臣其所受教。

【語譯】

現在天下各國的情況都差不多，君主的德行也都不相上下，互相之間誰也不能高出一籌，沒有別的原因，就是因為君王們只喜歡用聽他們話的人為臣，而不喜歡用能夠教導他們的人為臣。

【原文釋評】

孟子在這裡指出君王任用什麼樣的人對國家發展的重要性。任用聽話的人只能維持現狀，只有用比自己強的人，能夠開導自己的人，才能使國家繁榮，這是管理的一大要點。

作為管理者，如果發現員工比自己能力還強，自尊心就會受到傷害，心裡會非常不舒服。但是這樣的結果只會使自己的企業止步不前，在企業的競爭中又是不進則退。所以，聰明的管理者要有海納百川的胸懷，讓比自己強的人在自己公司快樂的工作。

一位專門從事人力資源研究的學者說過一句話：「一個公司，尤其是一家開放式運作的公司，用一個不良之人，就會傷害一批好人。」此話頗有哲理。在人才的聘用過程中，一些企業領導者的觀念依然陳舊。有的企業管理者用人從自身利益出發，寧願用順從聽話的平庸之輩，也不用稍帶稜角而能力很強的人，使得一些人才因為無用武之地而遠走高飛；有的企業管理者放著現成的人才不用，而讓其閒置；還有一些企業管理者寧願用素質較低的「自己人」，也不用素質高的「外部人」。這些做法在不同程度上傷害員工的感情，導致人才大量流失。

新經濟時代的到來，給知識份子在商界帶來「翻身」的機會，知識貴族正成為新世紀的主宰而叱吒風雲。但是在許多傳統行業裡，知識份子到底能否馳騁商場依然令領導者憂心忡忡。令人遺憾的是，人們正把落後的市場規則當作一種規律信奉，並據此排斥新的商業原則。這種做法使人才聘用常常走入迷失，給人才的就業和發展設置諸多障礙，同時也失去一些優秀人才，這也是許多企業人才流失的重要原因。

在用人的問題上，人盡其才是一種理想境界，它雖然不是一蹴可及的事情，卻是我們致力追求的目標。這就要求企業管理者在人才使用過程中摒棄雜念，真正做到靠素質和能力用人。廣告大師奧格威說過一句著名的話：**「用人的最大失誤，就是沒有任用比自己高明的人。」**為了詮釋這個觀點，奧格威在每個董事的椅子上放了一個洋娃娃，並請諸位董事打開看。大家依次打開洋娃娃後，發現裡面還有一個洋娃娃，再打開裡面又有一個更小的洋娃娃，當打開到最小的洋娃娃時，上面有一張奧格威寫的字條：「如果你永遠聘用不如你的人，我們就會成為侏儒公司。反之，如果你永遠聘用比你高明的人，我們就會成為頂天立地的巨人公司。」

春秋戰國時期，有一位著名的軍事大師名叫鬼谷子。此人排兵佈陣，調兵遣將，如有神助。他有兩個得意的學生龐涓和孫臏。龐涓在魏國當了大將軍。後來小師弟孫臏投奔師兄，師兄發現師弟的能耐比自己還大，產生了妒忌心，怕師弟搶走他的飯碗，不但不重用，反而設計害他，並且剔去其膝蓋骨。後來，孫臏逃到齊國，協助齊國打敗魏國，殺了龐涓。龐涓因為氣量狹隘，不僅沒有保住官，還丟了性命，落下千古笑柄。

「敢不敢用比自己強的人？」這恐怕是管理者對自己最大的考驗，同樣也是管理人員最容易犯的錯誤。

當比自己強的員工工作取得各部門的讚許和支持的時候，老闆會覺得他們是在建立他們自己的威信而在動搖老闆的最高權力。於是，老闆會有意無意的疏遠他們、壓制他們，進而嚴重的挫傷這些員工的積極性，進而也使他們喪失工作樂趣，更談不上會取得什麼成就。

這種心態是一種弱者的心態，外表的強硬正透露出內心的虛弱，反映出自信心的極大缺乏。真正的強者願意接納桀驁不馴的下屬。因為他有信心，他能控制局面。因為這樣的管理者關心的並不是別人對自己是否順從，他有能力、有信心贏得別人真正的尊敬。更因為他看重的是人的才能，也更能關注企業發展的大計。

我們經常看到這樣的現象：

某個企業的老闆雇用一批庸才，然後老是奇怪為什麼這些人一點成績都沒有，更談不上創新。因為他錄用人員的標準是：能幹但不能精明，以免搶走公司的客戶，另立門戶。後來他發現愈來愈不對勁：怎麼雇用這些庸才？

老闆不雇用一流的人才卻促使他們做出一流的成就，你就會將你的公司降至二流、三流，甚至不入流的行列。

美國鋼鐵大王卡內基的墓誌銘一直被商界人士傳為佳話，因為上面這樣寫道：

「這裡長眠著一位先知，他勇於用比自己強的人才！」

凡欲成大事的管理者、企業家，他們都能夠把比自己能力強的人才招攬到自己的公司，並且誠心相待。對小企業的管理者來說，能力比自己強的人才既難用又必須用。說難用，恐怕是管理者看到員工比自己厲害，心理不平衡，生怕這些人有朝一日取代自己；還有，這些人在性格上一般有一股傲氣和強勁，常會與之產生衝突。如何處理這個衝突呢？

心存「憂心」，轉變觀念

企業創辦不容易，守住基業，發展壯大更不容易。因此，小企業生存發展的危機感最主要的是對企業內人才的危機感。人才與智力資源是企業內最寶貴的物質財富，是小企業實現差別化競爭戰略的前提條件。因而，小企業的領導者只有把重視人才提高到企業發展的戰略高度，他才會真心誠意的選用比他們自己強的技術與管理人才。

誠心待之

「教人者，人恆教之。」對於比自己能力強的人才，愈壓制他，他就愈不服氣；愈尊重他，愈能使他對你信服。尊重表現在以下幾個方面：

■ 在語言的溝通交流上以禮相待，注意在稱謂上要使對方有親切感和被尊重感。
■ 對於他們的工作（是他們發揮長處的方面），大膽放手。
■ 對於他們所長而正好為己所短的知識，不恥下問，主動請教。
■ 對其能力進行誇獎和讚賞，並表現出這也是企業的光榮和驕傲的自豪。
■ 適時適地的指出其不足，並協助他們改正或補救。

所謂適時，就是在他們急躁時使他冷靜；在他悲觀及情緒低落時為他們鼓勵打氣。所謂適地，就是根據對象的個性心理特徵，對承受力強且自我約束力低的人當眾指出其不足；對於承受力弱或自尊心強的人用「蜻蜓點水」的方式，予以暗示或私下單獨交換意見，分析其不足的原因。在指出不足的同時，要用實際行動幫助他們改正或補救其不足，使他們認識到老闆的做法不是在整他們，而是在幫助他們完善自己。

推薦並提出忠告

當這些能人希望做別的工作或提出離開企業時，首先要先同意，並向他們提出忠告，看新的工作是否適合他們，根據他們本人的情況及即將面臨的環境，應當注意哪些問題。同時說明，若到新工作後感到不適，歡迎他們回來。此外，應該積極推薦他們去做更能發揮其長處、更能做出貢獻的工作，因為這樣做不但能使被推薦者對老闆產生敬意，而且還能使其他未被推薦者也對老闆產生敬意，結果必然透過多做工作、做好工作來回報。

【經典案例】

有一天，莊子和他的學生在山上看見山中有一棵參天古樹，因為高大無用而免遭於砍伐，於是莊子感歎說：「這棵樹恰好因為它不成材而能保存下來。」

晚上，莊子和他的學生又到他的一位朋友的家中做客。主人殷勤好客，便吩咐家裡的僕人說：「家裡有兩隻雁，一隻會叫，一隻不會叫，將那一隻不會叫的雁殺了，招待我們的客人。」

莊子的學生聽了很疑惑，問莊子：「老師，山裡的巨木因為無用而保存下來，家裡養的雁卻因為不會叫而喪失性命，我們該採取什麼樣的態度，對待這繁雜無序的社會呢？」

莊子回答說：「還是選擇有用和無用之間吧，雖然這之間的分寸太難掌握，而且也不符合人生的規律，但是已經可以避免許多爭端而足以應付人世。」

世間並沒有一成不變的準則，面對不同的事物，我們需要不同的評判標準，對於人才的管理尤其明顯。一個對其他企業相當有用的人對自己來說不一定有用，而把一個看似無用的人擺對位置，也許就能為你創造你意想不到的收益。

聰明的領導者應該學會發現人才的優點，使得人盡其才，儘量避免人才浪費。

審慎選擇適當人選非常重要，這必須靠平日不斷的觀察，留意每個人的發展動態。在檢視的過程中，不僅要發掘有能力的部屬，並且還要剔除做事不力的員工。

徐子曰：「仲尼亟稱於水，曰：『水哉，水哉！』何取於水也？」

孟子曰：「源泉混混，不捨晝夜，盈科而後進，放乎四海，有本者如是，是之取爾。」

【語譯】

徐子說：「孔子曾對我稱讚水說：『水啊！水啊！』到底有什麼可取之處呢？」

孟子曰：「水從源泉裡滾滾湧出，日夜不停的流著，把低窪之處一一填滿，然後繼續前行，一直流向大海。它是如此永不枯竭，奔流不息。孔子所取的就是它的這種特性。」

【原文釋評】

即使是平常的水，我們也能發現其奔流不息、勇往直前的精神。作為一個人也同樣。每個人都有優點缺點，管理者要善於引導，利用他們的優點，改正他們的缺點。

獅子要出征，為此召集它的臣子們商討作戰方針，並且佈置任務。大象做了軍需官，負責運輸；熊是衝鋒陷陣的猛將；狐狸和猴子因為牠們的機智和靈活，在出謀劃策和提供情報上都有很重要的任務。

「驢子傻，兔子膽子小，沒什麼用處，叫牠們回去吧！」有一些動物說。

「不，」獅子說，「我不能缺少牠們。驢子可以擔任號角手；兔子可以替我們傳遞消息。」

果真在這次戰鬥中，每個動物充分發揮自己的優點，打了一個漂亮的勝仗。

獅子是一個很好的領導者，它能充分的發揮每個人的優點，最終取得戰鬥的勝利。

所以，一個成功的企業選好人才，用好人才很重要。以下介紹成功企業選擇人才的標準：

■破除門第。

■敢於用人。

■不惜重金。

■溫情換人心。

■激勵活力，精簡求務實。

■提高素質。

■創新重改善。

企業在選拔人才的時候，要善於發掘人才的優點，以便做到人盡其才、才盡其用。有效管理者選擇人員和提升人員時所考慮的是他能做什麼，他們的用人策略不在於如何減少人的缺點，而是如何發揮人的優點。

趨利避害，用人所長，這是真正的用人之道。高明的管理者在管理員工時都善於運用愛心糾正他們的行為，按照員工行為的準則約束他們。有了絕對不可違反的準則，企業就會在良好的秩序下實現管理，管理者也就可以正常行使職權。制定不隨意改變的管理制度是高明的管理者進行管理的根本途徑。

人的特殊才能主要是指他把所有資源都用於一項活動、一個專門領域、一項能達到的成就的能力。所謂「完人」或者「成熟的個性」隱含著人的特殊才能。一位優秀的專業工程師可能會因為不善於與人相處而受挫折，但是把他放在組織裡，我們就可以使他發揮專業之長，並把他的不善於與人相處之短排除在他的工作之外。一個精通財務的人獨自負責一家小公司，可能由於不懂生產和銷售而受到很大的阻力，但是在一家大企業裡，他將會在財務工作方面發揮其特長。

「完人」或「成熟的個性」的概念只解讀人的卓越性，因為人只能在某一專門領域成就偉業，最多也只能在幾個領域內達到卓越，而在其他領域可能就是一無所知。一位演員能吸引觀眾，贏得觀眾的喜歡，至於她的性格和脾氣、生活習慣和生活方式都無關緊要。

要用人之長，不要棄人之短，恰好是企業管理者用人的眼光和魄力所在。如果脫離這種人才自身素質的特點而隨意任用，往往是對其才能與專長的破壞，結果將適得其反，事倍功半。只看到員工的缺點，只注重其不能做什麼，而不是注重其能做什麼；以缺點選用人，不以優點選用人，本身就是管理者的缺陷。

有效的管理者知道，合理的配置人才的類型，可以彌補彼此的不足，促進事業的發展。至於跟管理者合不合得來、外表長相如何等因素就不用考慮，關鍵是要發現別人某一方面的傑出之處，讓他用這方面的明顯特點做出貢獻和成績。

發現人的優點是為了更好的利用它，使之產生成績。一個管理者如果不先問：「他能做什麼？」就可以肯定的說，這位管理者的下屬不會有太大的成就。這等於他事先已經原諒他下屬的無能。真正苛求的管理者——懂得用人的管理者，都是苛求的管理者——總是先發掘一個人最善於做什麼，再來要求他做什麼。

人的優點和缺點在一定的情況下可以相互轉化，有效的組織可以創造條件使其發揮優點而避開其缺點。因此，企業在人才使用上不僅要用其所長，而且要短中見長。人力管理中有一句俗語：「你要雇用一個人的『手』，就是雇用他『整個的人』，因為他的人和手總是在一起。」同樣，一個人不可能只有優點，只想克服他人的缺點，企業的目標只會受挫。

現代人力資源管理的有效方法就是使人的弱點和缺點排除在他的工作和成就之外，盡可能使人的長處和優點得到最大化的發揮和施展，用人如器，各取所長。

沉默寡言、勤勞樸實一向被人們認為是良好的美德；善於言談、愛打扮常被人們視為劣行。某企業就有一位年輕人，一直被公司的人瞧不起。老闆首先看到，他能言善辯，講究美觀，說不定是一個跑業務的好人才。於是，果斷任用這位年輕人當業務員。

果然，他多次憑著自身良好的口才和風度，出色的完成採購和推銷任務。他一向被人所不齒的缺點居然成為優點，人們對他的看法也隨之改變。當然，也忘不了稱讚企業領導者的用人之道，此舉真有點石成金之功。

人有優點，也有缺點，才能與缺點對於一個人來說，常是一個動態的、歷史的概念。缺點不會固定在一個人的身上，才能會在實戰中逐步提高。企業家在選用人才時，要著眼人的優點，看其特長和優點是否能適應所擔當工作的要求，而不是挑剔。

用人之道，最重要的是善於發現、發掘、發揮下屬的一技之長。用人不當，事倍功半；用人得當，事半功倍。

【經典案例】

《淮南子・道應訓》記載，楚將子發愛結交有一技之長的人，並把他們招攬到麾下。有個人其貌不揚，號稱「神偷」的人，也被子發待為上賓。有一次，齊國進犯楚國，子發率軍迎敵。交戰三次，楚軍三次敗北。子發旗下不乏智謀之士、勇悍之將，但是在強大的齊軍面前，簡直無計可施。

這時，神偷請戰。他在夜幕的掩護下，將齊軍主帥的睡帳偷了回來。第二天，子發派使者將睡帳送還給齊軍主帥，並對他說：「我們出去打柴的士兵撿到您的帷帳，特地趕來奉還。」當天晚上，神偷又將齊軍主帥的枕頭偷來，再由子發派人送還。第三天晚上，神偷連齊軍主帥頭上的髮簪都偷來，子發照樣派人送還。齊軍上下聽說此事，甚為恐懼，主帥驚駭的對幕僚們說：「如果再不撤退，恐怕子發要派人取我的人頭。」於是，齊軍不戰而退。

一個團隊總是需要各式各樣的人才。人不可能每一方面都出色，但是也不可能每一方面都差勁。一個成功的領導者不在於他能做多少事情，在於他能清楚的瞭解每個下屬的優缺點，在適當的時候派「差勁」的員工做他們適合的事情，往往會取得出人意料的效果。

同樣，作為一個領導者，要有容人之量，也許說容人之智更適當，工作就是工作，千萬不能夾雜自己的個人喜好。也許你今天看不起的某個人，他日正是你事業轉機的得力之臣。

用兵無固定方式，如水無固定流向，能依敵情變化而取勝，就是用兵如神。

在企業管理中，企業要的是人、產品和利潤，而人是至關重要的，因此企業領導者始終要關注企業人才的動向，不能由於一時的利益而損失人才的利益。

為其賊道也，舉一而廢百也

【語譯】

因為它是有害的，所以會由於只是堅持一點，反而廢棄其餘很多方面。

【原文釋評】

孟子在此闡述一個簡單又普通的道理，「舉一而廢百」，不以成敗論英雄。作為管理者要有寬容的氣度，不要對人才要求苛刻，不要以一次的成敗對人進行判決。

一般來說，業績出色的員工往往容易受到管理人員的偏愛，對於有失敗、過失記錄的員工來說，他們會在管理人員心中多少留有一些偏見。

管理人員的這種心態，對企業人際關係而言，非常有害，最終可能會導致兩極分化，促使員工之間產生對立的情緒，而且作為管理人員，如果你有這種不良的心態，你也許會成為企業中，被人「指指點點」的人物。

員工業績的取得是企業的一件喜事，也是值得你為之驕傲，但是這種驕傲一定要基於企業的基礎之上，而不能滋生強烈的個人偏好和憎惡的情緒。

員工一次成績的取得絕不能成為他賺取私人感情的資本，你對其個人的偏愛，雖然是在很大程度上，給他信心與繼續挑戰工作的勇氣，或許隨之而來的還有更多的獲得工作業績的機會，但是企業是屬於每個成員的，所以每個人都應該享受同等的權利與待遇。你對某個員工的偏愛會讓其他的員工為你們的親密關係不知所措，在一段時間之後，他們與你和所喜愛的那位員工的距離將會愈來愈遠。

由於待遇的不平等，機會享受的不公正（至少他們會認為是這樣），企業的人際關係變得緊張，員工從你的偏愛中也學會選取個人所好來加強個人的勢力。結果最糟糕的事情發生了，企業彷彿變成一盤散沙，無數的小團體使企業的這條繩子，結出許多解不開的「死結」！

你對業績不太出眾或犯過錯誤的員工的成見與你對業績好的員工的偏愛一樣，對企業的人際關係的和諧，對企業的發展同樣有害。人非聖賢，孰能無過，錯誤固然不可原諒，但是你萬萬不該給這位可憐的員工，做出「他只會犯錯」或「他根本無法做好此事」的結論。

犯了錯誤的員工通常都有自知之明，他們對自己行為檢討的同時也是懊惱不已，你對他們的歸類，不僅使得他們的信心又遭受一次打擊，而且，他們還會產生消極情緒，並對企業與你個人產生極強的敵對情緒，這對企業的安定團結顯然是一種巨大的潛在危險。

消除你心中已有的成見，別讓幾次失敗的經歷總縈繞在你的腦海中，使你總是懷疑別人改過自新、從失敗中走出來的能力。坐下來，與他們懇談，幫助他們找到錯誤的原因，恢復他們的自信，你要在語言中充分表現出對他們仍然信賴，只要他們走出自我消極的迷失，一樣能為企業做出貢獻，況且失敗的經歷孕育著成功的希望。

作為一個管理人員，你應該懂得，員工個人的成功與失敗是企業榮辱的一部分。你的任務是不斷的充實團體的力量，而不是人為的製造分裂！

賊仁者謂之「賊」，賊義者謂之「殘」。殘賊之人謂之「一夫」。聞誅一夫紂矣，未聞弒君也。

【語譯】

破壞仁愛的人叫做「賊」，破壞道義的人叫做「殘」。這樣的人，我們就叫他「獨夫」。我只聽說周武王誅殺了獨夫殷紂王，沒有聽說他是以臣弒君的。

【原文釋評】

孟子對於戰爭的態度非常鮮明，認為殘虐的暴君只是在毒害人民，讓人民處於水深火熱之中，對於這樣的君王，有仁德的人必定會將其誅滅。在管理中也是一樣，對一些毫無作用的下屬要毫不猶豫的將其解雇，以免引來大禍。

酒與汙水定律是指把一匙酒倒進一桶汙水，得到的是一桶汙水；如果把一匙汙水倒進一桶酒，得到的還是一桶汙水。

在任何組織裡，幾乎都存在幾個難纏的人物，他們存在的目的似乎就是為了把事情弄糟。最糟糕的是，他們像箱子裡的爛蘋果，如果不及時處理，會迅速傳染，把箱子裡其他蘋果也腐蝕掉。

「爛蘋果」的可怕之處在於它驚人的破壞力。一個正直的人進入一個混亂的部門可能會被吞沒，一個無能、無才者能很快將一個高效率的部門變成一盤散沙。組織系統往往是脆弱的，是建立在相互瞭解、妥協和容忍的基礎上，很容易被侵害、被毒化。

破壞者能量大的另一個重要原因在於破壞總比建設容易。一個能工巧匠花費時日精心製作的陶瓷，一頭驢子一秒鐘就能毀掉。如果一個組織裡有這樣一頭驢子，即使擁有再多的能工巧匠，也不會有多少工作成果。如果公司裡有這樣一頭驢子，應該馬上把牠清除；如果無力這樣做，就應該把牠拴起來。

在一個企業，對那些實在難以管教的下屬，作為企業領導者，就必須當機立斷，該解雇就解雇！尤其對其中一部分敢背叛自己的下屬，更要毫不留情，狠下殺手，不要因為酒裡面一點汙水，弄得整桶酒都不能喝。

作為一個管理者，你必須十分明白整體的工作目標，瞭解團體的需要，並且明白個人的工作情形，在適當的時候，做出明確果斷的決定，不可受任何人情因素的影響，如此才能成功。

解雇員工一般總是使企業領導者心情沉重，唯一使企業領導者不感到難受的時候是當他解雇一個徹底背叛公司的人。

扔掉「爛蘋果」

曾經有一個厚顏無恥的背叛者，準備私下離開公司，並打算帶走所有他的東西：客戶、卷宗、機密文件……當公司得知此事之後，立即安排他出差，趁他不在的時候，徹底清理他的辦公室並且更換所有的鎖。他一回來，就將他解雇。

這裡並沒有任何玩弄陰謀詭計之嫌，這樣的情況無論在小型公司或大規模的公司，都時有發生。遇到這樣的事你只有以毒攻毒。

解雇地點的選擇

你應該選擇在什麼場合解雇某個人，取決於你自已的想法。他的辦公室，你的辦公室，其他的地方都可以。因為解雇一個員工的背景千變萬化，所以也沒有什麼規矩可循。

有些領導者在決定解雇員工的地點與方式時，所依據的是他們希望將何種資訊傳遞給其他員工。有位領導者曾經當著全體員工的面解雇員工，目的是殺雞儆猴。他將公司一百多名員工召集到會議室，心裡盤算好，在會議的過程中，他一定可以挑出那只爛蘋果，並當場解雇他。這是精心策劃的一場戲，只是員工不知道而已。

解雇需要技巧

作為老闆，對不稱職的員工予以解雇完全是份內之事，但是在具體處置時，即使是那些以「硬漢」著稱的主管也難下決心，認為解雇員工是一件很棘手的事，擔心會引起連鎖反應：怎樣向客戶解釋呢？如何以此調動員工的工作積極性和責任感？如何做好善後工作？……

解雇不稱職的人，最好的辦法是：

機會選擇適當

如果你要解雇他，應該選擇對公司最有利的時機。在商務來往中，你的員工必然手中尚有未完成的工作，掌握一定數量的客戶，在未找到代替他的人之前，一切未準備就緒時，暫時不要解雇他。有時你會等上幾天甚至更長的時間，以便更大限度的減少因為解雇他而給公司帶來的傷害。

你應該及時通知客戶，將會有另一位員工代替被解雇者的工作，並表示公司願意與客戶繼續合作的願望。在公司內部可以派另一員工到其負責的部門工作，並委以重任，或讓另一部門的主管和他的客戶認識，並逐漸接手其業務。

由他先提出來

對付想跳槽的員工，最好的辦法是由他提出辭呈。讓他光榮的離開公司，總比你直接下逐客令好。如果在解雇他時，發放給他一定數額的離職金，並且在其他的公司找一個適合他做的工作給他。對你的所做所為，他會一輩子永記心中，不會到處對你解雇他而說三道四，敗壞你的名聲。

其實安排某人主動提出辭職，並不是一件複雜的事，但是也不能太隨便，應該注意當時說話的場合和方式。最容易讓人接受的方式是找他談話，說：「鑒於我們公司業務的特殊性，我認為你在公司長期做下去，顯然對你、對公司都不太適合，公司已經決定，你應該離開公司另找工作。但是什麼時候離開？怎樣離開？還沒有正式決定，請你先考慮一下，然後我們再交換意見。」這樣簡單而直截了當的談話，將會取得你預期的結果。

讓別人「聘用」他

有的公司礙於當時聘用人的後台關係，或其他難以言明的因素，不便直接下令讓某人離開公司，總是說服別的公司接收此人，並讓這家公司主動與該人聯繫。當此人被該公司「聘用」之後，自認為是自己的才華被其他老闆看中而被挖走，對於「聘用」之中的一切，始終被蒙在鼓裡，根本不知道自己是被原公司「開除」。

為他找到適合的位置

有些員工雖然努力誠實，但是礙於自身學歷低、適應能力弱等原因，不太適應公司業務發展需要。如公關部的某職員對於開發新客戶、開拓新市場有一定能力，但是在其他方面卻毫無辦法，並且常常會把事情弄得很糟。如何安排他，解雇？或是降級？必須認真研究。常用的處理方法是，把他調到另一個適合他的工作職位，或許他會做得更好。關鍵是找到適合的部門。

果斷處置不手軟

對任何公司和老闆來說，開除或解雇員工，總是一件令人不快的事，因為這或多或少的反映公司存在某些缺陷或不足之處。但是如果解雇的是一個多待一天就會對公司危害無窮的「搗亂份子」，就沒有什麼值得留戀。

這種做法並沒有算計員工之嫌而不講情面，對於這種人只能當機立斷，否則他陰謀得逞，公司將會後患無窮。只有這樣，你才能徹底排除縱容下屬、姑息養奸的可能。

第六章：打造無敵團隊

孟子在論述「天、地、人」三者關係時，把「人和」排在首位，所謂「人知」是指內部團結，「天時不如地利，地利不如人和。」（《孟子・公孫丑下》）「人和」即是「有道」，有道就有勝利之本：「得道者多助，失道者寡助。」民心是決定戰爭勝負的最重要因素。孟子所說的得民心者得天下，是仁政管理的重要手段，這個道理同樣適用於現代企業管理。

天時不如地利，地利不如人和

【語譯】

有利的時機和氣候不如有利的地勢，有利的地勢不如人的同心協力。

【原文釋評】

天、地、人三者的關係問題，古往今來，都是人民所關注的話題。如果硬要比出高低，在三者之中，人和最重要，並且是決定因素。論述三者的關係之後，孟子隨後得出「得道者多助，失道者寡助」的結論。

這兩句話都已經成為企業管理的名言。從企業角度出發，一個企業就是一個團隊，只要整個團隊團結在一起就會產生無窮的力量，所以企業管理者必須注重團隊的建設。

管理是團隊的遊戲，這是新時期的管理者們在金字塔倒塌後，站在一片廢墟上的最樂觀的回答，他們同時也發現在企業組織中各個團隊的建立，使遊戲變得更有趣，更富有創造性。員工們在得到參與管理的切實滿足以後，爆發出強大的工作熱情，個人業績有了極大的提高，整個企業組織在各個小團體的集體參與下，形成繁榮於內、「結果」在外的良好跡象。

團隊建設在日本的企業經營中佔有很大的比重，甚至成為外界學習與瞭解日本文化的關鍵。的確，日本企業中的這種管理模式與這個民族的特有的民族性有千絲萬縷的聯繫，但是這並不意味著團隊的結構只能在日本行得通。

第二次世界大戰後日本經濟迅速發展，使這個戰敗國又屹立於世界經濟列強之林，同時也使整個世界為之一震。日本企業在世界市場爭奪中的屢屢得手，使人們更想透過其輝煌業績，窺視他們企業成功的內部奧秘，終於團隊建設的話題又一次被引入企業管理界。

為什麼這種團隊的存在會使組織有如此旺盛的生命力呢？組織中這些小團隊或群體不具有明確闡述的目標與職位結構，它的真正目標實際上已經被員工內在化，形成具有高度的自然性，可能是出於人們之間某些共同的需要，也可能是由於一種共同的利益。在團隊中，成員之間的個人關係被當作目的本身，人們在心理上彼此知曉，心照不宣，都瞭解他們自己是一個群體，代表一項事業。

在人們形成的這種小團隊中，交流的方式被大大擴展，甚至他們還創造自己獨有的溝通信號，人們可以用說與聽、寫與讀進行直接的交流，但也可以是用目光、姿勢、搖頭、點頭、皺眉、拍背等形式相互會意，這正如籃球比賽中職業選手出神入化的配合，大有心有靈犀一點通的味道，這顯然使得團隊成員之間形成無懈可擊的默契，人際關係已經超然於工作關係之外，結成更深的情感組合。

每個人都具有最有成效的發揮自己的聰明才智和在工作中實現心理上的滿足的願望，這也許正是自我實現的需要。但是科學技術發展到今天，單憑個人智慧與知識進行發明創造的領域比起愛迪生所在的十九世紀來說要少得多了。人們在組織中個人價值的實現、參與感的滿足透過一個個相對獨立的團隊、群體而得以實現。人們在展示才華的同時，又充實自己的知識，奇思妙想的智慧火花正是伴著團隊中無拘無束、輕鬆自如、協調一致的氣氛而不斷閃耀，正是這些精妙的構思才改變組織的面貌。

團隊從某種意義來說是組織機構的最大精簡。組織是一個龐大的機體，小團隊、群體的組建使規模龐大的組織群體分割成靈活自如的小塊，小塊之間有發達的組織，通訊神經相連，使它們互相牽制但是又保持相對的獨立，而且值得注意的是，團隊的建立使這個群體在時間的推移過程中也產生自己的特有心理現象，正如個人的感覺、意志、動機等心理特徵一樣，團隊的群體心理如輿論、士氣、風尚、自豪等也會作用於其中的每個人，使他們形成榮辱與共的普遍心理。對組織來說，一個團隊就如同一個有很高工作效率、講求工作業績的組織管理人，為組織的發展與創新獻計獻策，而且從宏觀上來看，這樣的組織形式也會使人產生簡練、明快的組織印象。

管理的真實目的在於提高企業的業績，促進企業的成長與發展，團隊為企業組織中提供真正的具有活力的細胞。金字塔的組織機構過去在組織發展中產生積極的意義，但是隨著企業的新陳代謝，它已經成為組織壞死的細胞，最終要被更具生命力的新細胞所取代。

生於憂患而死於安樂也

【語譯】

憂患使人生存，安逸享樂卻使人敗亡。

【原文釋評】

居安思危已經成為現代管理學的一句名言。在你事業達到輝煌頂點的時候，假使你躺在功勞簿上睡大覺，當你醒來之時，發覺你已經跌落深淵。世界發展很快，若一停下前進的腳步，就會被別人超過。只有居安思危，前進再前進，你才能保持旺盛的精力。

【經典案例】

有一天早晨，老鼠打算出門找點吃的。牠非常小心的向四周觀察一番，發現離自己兩步遠的地方有一隻鼬鼠。

「好險啊！」老鼠叫起來，「我得讓牠先過去，免得我變成牠的午餐。」

突然，不知從哪裡跳出一隻灰貓，牠像閃電一樣，撲到鼬鼠背上，緊緊咬住鼬鼠。

老鼠看到這一切，鬆了一口氣，不禁對自己說：「現在我可以放心大膽的散步囉！」

老鼠高興的甩著尾巴，大搖大擺向前走去。但是，僅僅就高興這一下，牠就落到這隻灰貓的爪子中，失去了生命。

老鼠由於沒有危機感，最後禍及其身，成為灰貓口中的食物。

若是一個企業沒有危機意識，就會安於現狀，當然更不會進步。

企業光榮的歷史不能一直緬懷，因為歷史是過去，我們面對的卻是現在和未來，如果一直沉浸在過去當中，你很快就會喪失競爭力。

所謂「生於憂患，死於安樂」就是這個意思。

中國有一句古話，叫「富不過三代」。王永慶認為，創業者腳踏實地，吃苦耐勞，克服一切困難，最後成功了。成功後，自然而然的鬆懈，養尊處優，沒有危機感和風險意識，久而久之，一種自滿情緒瀰漫在公司內部，過去奮鬥、掙扎時的緊迫感逐漸消退，許多人會認為自己應該有享受成功的權利，進而企業失去初創時的活力。由於抵擋不住競爭中的橫逆，離敗亡也就不遠。這是對「富不過三代」的一種註解。

觀察古今中外企業成功事例，不難發現，他們哪一個不是白手起家，從無開始的？但是，當他們把輝煌的事業交給他們後代的時候，往往會出現今不如昔，甚至會日落西山。究其原因，是他們的繼任者沒有危機意識，導致家業的衰落。

有些企業在創業初期，因為規模不大，往往採取「家長制」的管理方法。這樣的管理風格，隨著企業的發展很容易得到強化。企業領導者把過去的成功等同於現在，把昨天的智慧等同於今天，把昔日的威望強行於眼下。企業決策缺乏制約，再大的風險、再多的投資也是一個人說了就算，沒有形成有效的管理機制和團體決策機制，企業愈發展，愈容易埋下危機和衰落的種子。企業領導者個人素質的提高應該跟上企業發展的需要，隨著企業的發展、競爭的加劇，如何節約成本、提高效率、運作資本、加強管理……是企業領導者的首要工作。現代企業的管理者必須是一個成熟的「舵手」，他應該既能組織內部的「划船隊」，又能組織社會上的「啦啦隊」。成功的企業領導者往往在「摸著石頭過河」的操作閱歷中，形成自己的經驗和思路，這些東西要打破是很困難的。然而，市場不斷變化，企業如果不懂得尊重市場變化規律，掌握消費動向，不能用新的眼光、新的方法處理所面臨的新問題，難免會令企業陷入被動挨打的境地。

企業領導者成功以後，既不可貪大，也不可貪多求全。有理智才能戰勝自我，不至於「一失足成千古恨」，或許這就是居安思危的關鍵所在。在西方經濟理論界，有一條跟「黃金分割」很類似的規律，**一家成功的企業，其八〇%的資金應該集中於某一行業，在對該行業的開發中，至少應該有八〇%的資金集中於某一類主導產品**，這條定律可以提供給企業領導者參考。

有些企業，他們的員工都很優秀，可是過於安於現狀，或者因為機構的體制，使得他們不大願意努力的工作。企業在它到達事業輝煌的頂點時，往往潛藏著失敗的危機。

挫折和失敗並不可怕，可怕的是企業領導者不知道成功的背後隱藏著巨大的危機。企業最終要強大，

要保持旺盛、持久的競爭力和生命力，必須居安思危。

二十世紀八〇年代後，電腦市場因其帶來的利潤非常可觀，有許多公司紛紛加入這個行業，想與ＩＢＭ公司一爭高下。可是，ＩＢＭ公司的實力太強，單打獨鬥，沒有一家公司是ＩＢＭ的對手。於是，這些公司聯合起來，從四面八方向ＩＢＭ公司發起圍攻。

為了取得戰爭的勝利，競爭對手們簡直奮不顧身的大做廣告，目標都是為了打敗ＩＢＭ。整個電腦行業一九八二年的廣告費用不到十億美元，到了一九八四年，在這場圍攻ＩＢＭ公司的大戰中，電腦行業在廣告上的開支就已經突破三十億美元，大大超過轎車和香煙的廣告開支。

雖然競爭者的攻勢很可怕，但是ＩＢＭ公司並未立即四面還擊，而是採取自我攻擊、超越自我的戰略。因為這時的ＩＢＭ公司已經今非昔比，實力雄厚。只要能自我完善，使競爭者找不到弱點而徒勞無功，就勝券在握，不必跟競爭者「一般見識」。

ＩＢＭ的自我超越策略是「要比ＩＢＭ更價廉物美」。公司不斷淘汰過時產品，推出新型優質的產品。市場上，ＩＢＭ公司的新產品不斷湧現。首先推出的是ＸＴ型個人電腦。它裝有一個硬碟驅動裝置，能夠存入五千頁的圖文資料。接著，裝有全新處理器的ＡＴ型個人電腦取代ＸＴ型個人電腦。《華爾街日報》對此評論：「ＡＴ型個人電腦為它的競爭對手和自己的產品帶來一股壓力。ＡＴ型電腦功能顯著，價格便宜，它的市場銷售潛力巨大。這迫使ＩＢＭ的對手們不得不重新思考自己的產品和戰略。」甚至業內有人預言，一年之內，ＡＴ型個人電腦的銷售量將超過第一代個人電腦和ＸＴ型個人電腦銷量的總和。

ＩＢＭ推出的ＡＴ型個人電腦使競爭對手們無可奈何。在電腦行業首居貿易展示會上，ＩＢＭ的競爭者們沒有一個能拿出與AT型個人電腦相抗衡的新產品。《紐約時報》評論：「在展覽會上，IBM的產品沒有受到任何挑戰。」連一向自負的蘋果電腦公司總裁約翰・斯卡尼也不得不承認，在個人電腦領域內，IBM已經設置一堵高大的牆，使別人難以逾越。

IBM新產品的出現使整個電腦行業都感到危機，於是過沒多久，曾經刊登過攻擊IBM公司廣告的新聞媒體紛紛轉向報告競爭者的損失情況。

例如，原先氣勢洶洶的雷森公司看見大事不妙，連忙拋棄資料分析公司，結果稅後虧損金額仍高達九千五百萬美元。皮特尼・波斯公司虧損二千二百三十萬美元，並放棄文字處理機的生產；老鷹電腦公司、幸福系統公司、哥倫比亞資料公司等都出現重大虧損；電腦設備公司、奧新伯尼電腦公司則損失慘重，最後不得不倒閉關門。

今國家閒暇，及是時般樂怠敖，是自求禍也

【語譯】

如今國家沒有內憂外患，卻趁著這個時候享樂腐化，這是自己尋求禍害。

【原文釋評】

孟子指出貪圖享樂，是自己給自己尋求禍害。在企業內部管理當中，不能讓員工們停下來享樂腐化，要讓他們動起來，要有競爭意識。

讓我們先看看一個關於鯰魚效應的故事，或許能讓我們受到啟發。

【經典案例】

挪威人的漁船返回港灣，魚販們都擠上來買魚。可是漁民們捕來的沙丁魚已經死了，只能低價處理。只有漢斯捕來的沙丁魚還是活蹦亂跳。商人們紛紛湧向漢斯：「我出高價，賣給我吧！」「賣給我吧！」

商人問他：「你是用什麼辦法使沙丁魚活下來的？」

「你們去看看我的魚槽吧！」

原來，漢斯的魚槽裡有一條活潑的鯰魚到處亂竄，使沙丁魚們加速游動，因而它們才存活下來。

其實，激勵人的道理也是一樣。一個公司如果人員長期穩定，就會缺乏新鮮感和活力，進而使公司員工產生惰性。

因此，管理人員應該請來一條「鯰魚」，讓他擔任部門的新主管，讓公司上下的「沙丁魚」們立刻產生緊迫感和危機感，這就產生「鯰魚效應」。

這樣，公司的工作效率不斷提高，利潤自然是加倍提升，下面的例子就是最好的證明。

一九九一年十二月，約瑪・奧利拉被諾基亞董事會任命為新的總裁。這個決定令奧利拉大吃一驚：「我毫無準備，而且我也不覬覦這個職位，但我還是知道自己該做些什麼。」

諾基亞的員工對這個新總裁可是沒什麼指望，奧利拉也顯得有點缺乏信心。

但是奧利拉信心的增長和諾基亞業績的提高成正比。

一九九二年，最後一個季度的資料已經顯示效益的增長。到一九九三年，諾基亞已經擺脫危機的陰影走向光明。隨著收益的曲線的上升，奧利拉的信任度也以同樣的速度增長。他有了自信，更辛勤的穿梭於世界各地諾基亞的企業。

人們不瞭解約瑪・奧利拉的宏偉計畫。他告訴人們：把其他部門賣掉，就是為了保證手機網路和手機業務的持續發展。

芬蘭人一致認為，約瑪・奧利拉堅定而快速的轉向電信業的發展規劃以及出售諾基亞其他部門的行為具有天才的創意。

因為有了奧利拉，這就變得更加可能。畢竟奧利拉是作為諾基亞手機電話部門的主管，並且身經百戰後，成為公司的總裁，他血管中流動的都是電信的血。

一九九二年，諾基亞的實力（利潤）如下（一百萬瑞典克朗）：手機：655；電信：640；電視機製造：－1,176；電纜、機械：171；其他：139。

就是再笨的人也看得出來，電視機製造部門應該淘汰了，電纜和「其他」業務也應該讓位給電信部門，事實也是如此。到最終任務完成時，奧利拉總是把戰功記在員工身上，把自己說成是「總推銷員」，多麼謙虛的一個人啊！

奧利拉最看重的就是他的組織。奧利拉嚴格要求，公司的產品應該完好無損的出廠，所有的配件應該輕鬆獲取，在工序中都不應該出現瓶頸，員工們必須百分之百的將注意力集中在諾基亞的發展戰略。

奧利拉最大的實力就在於對他人的瞭解，他總是能為適合的人找到適合的工作。

奧利拉管理哲學的基礎是「不斷攪動鍋裡的水」，消除不必要的部分，沒有人在同一個職位工作太長的時間。各個階層的員工不斷的變換職位，接受新的挑戰。走向新的職位之前，所有諾基亞的新員工都會得到一個手冊，上面寫著一句話：「你為諾基亞做得愈多，諾基亞也能為你做得愈多。」

奧利拉的成功管理在於不斷攪動鍋裡的水，讓它轉動。

唯仁者宜在高位。不仁而在高位，是播其惡於眾也

【語譯】

只有道德高尚的仁人，才應該處於統治地位。如果道德低的不仁者處於統治地位，就會把他的罪惡傳播給人民。

【原文釋評】

孟子指出只有高尚的人才能統治他人。如果素質低下的人做了統治者，就會影響全國人民。一個人是完全可以影響全局的，在團隊管理中有一個著名的木桶定律。

一只木桶能裝多少水，不是取決於最長的那塊木板，而是取決於最短的那塊木板。

木桶定律至少能說明三點問題：

第一，想要盛滿水，木桶所有的木板都要一樣高。

第二，最短的那塊木板決定水的容量。

第三，提高木桶容量最好的辦法，就是設法加高最短木板的高度。

這個理論很有意思，或者剛聽時你會懷疑，最長的木板怎麼反而不如最短的木板？但是真正的管理當中，正好反應木桶定律的作用。確實，木桶盛水的多少，產生決定性作用的不是最長的木板，而是那塊最短的木板，因為水的平面是與最短的木板並齊的。

「木桶定律」與「酒與汙水定律」不同，後者討論的是組織中的破壞力量，「最短的木板」卻是組織中有用的一個部分，只不過比其他木板短一些，你不能把它們當成爛蘋果扔掉。強弱只是相對的，無法消除，問題在於你能容忍這種弱點到什麼程度，如果這種弱點嚴重到成為阻礙工作的瓶頸，你就不得不有所動作。

團隊是人組成的，如果把木桶當作一個團隊，把木桶上的每塊木板當作一位員工，最短的那塊就是一個能力最弱、表現最差的員工。能不能使團隊效率提高，使木桶裝滿水，就取決於能力最弱、表現最差的那位員工。團隊精神是組織和個人共同努力的結果，團隊建設也是組織和個人互動的過程。

「木桶定律」告訴我們：在一個團隊裡，決定這個團隊戰鬥力強弱的不是能力最強、表現最好的人，而是能力最弱、表現最差的落後者。只有當落後者提高能力，整個團隊的力量才會強大。因為最短的木板在對最長的木板產生限制和制約作用，決定整個團隊的戰鬥力，影響整個團隊的綜合實力。

也就是說，只有想盡辦法讓短板子達到長板子的高度，或者讓所有的板子維持「一樣高」的高度，才能完全發揮團隊作用。

最大限度的發掘企業的人力資源，是每個管理者的願望，能否做到這一點，又是企業能否欣欣向榮的關鍵。怎樣才能有效的開發這種最寶貴的資源呢？一旦被問到這個問題，很多人不假思索的就可以回答：

「重用人才。」這種回答背後的意義就是：「找出員工中的佼佼者」。實際上，許多的工作是由一般的員工完成，並不是由佼佼者完成一切。

【經典案例】

阿姆科公司的老闆吉姆．威爾對此就有很深刻的體驗。這是一家從事鋼鐵行業的企業，在鋼鐵業逐漸成為「夕陽工業」以後，它的日子開始很不好過，尤其在進入二十世紀九〇年代以後，公司的資金不斷流失。在這種情形下威爾走馬上任，開始進行根本性的改革以挽救公司。他的一項最重要的措施就是：「把每個人都拉來戰鬥」。

這不是一句宣傳性的戰鬥口號，而是威爾在管理企業的過程中，切身體會的最緊迫問題。有一次他把心理學家請進公司，派他們到業績最好的工廠，請他們找出工廠裡實現成功的真正領導者，瞭解成績應該歸功於誰。結果令他驚奇的是，心理學家們回來竟說：「工廠裡沒有領導者。」

威爾不相信的說：「什麼，在我們最賺錢的、為顧客服務最出色的工廠裡竟然沒有領導者？」

心理學家們說：「對。工廠裡有我們前所未見的最佳團隊。所有的人都在互相合作。每個人都把功勞歸於別人，沒有整個團隊什麼也做不成。」

從那天以後，威爾對用人有了新的看法，他決定建立一套訓練制度以鼓勵團隊行為。

「以前我們發現傑出人才馬上把他提拔到公司中心，使他離開主流大眾，這樣做效果並不好。」於是，阿姆科公司設法造就一種新型的領導者，這種領導者與以往的「人才」不一樣，他不是想盡辦法的最大限度的展示個人的才能，而是盡可能的發揮團隊的力量。他總是把成績歸功於他的下屬，他能瞭解誰最需要幫助，對需要幫助的人說：「我來幫你得到你所需要的幫助。」他會不斷和員工交流他是如何做的。

在這套新的領導方法實施以後，威爾發現他成功的達到他的目的——把公司的每個人都拉來戰鬥。正如他自己所說的：「從全世界的角度來看，這是一場全面的戰鬥。每個人都在力圖把我們的公司搶走。我們努力把公司贏回來，使之成為一個非常成功的公司。我必須使公司裡的每個人，不分男女老少，都和我一起投入這場戰鬥。」

正是由於他果斷的改變過去的做法，靠團隊而不是個人，他終於成功的把公司的每個人都拉進與他並肩作戰的行列中，在他發現他做到這一點以後，他又有另一個令人驚喜的發現——公司虧損的局面得到控制。不久公司的帳面上開始有了盈利，而且盈利的數額愈來愈大。他明白，他是真的贏了這一仗，雖然今後還有更多的戰鬥要進行。

卡爾森是另一位享譽國際的企業家，正是由於他的出色管理，聞名世界的美國聯合航空公司在幾年之內，由每年虧損四千六百萬美元到獲利上億美元。卡爾森認為上面的權力是由下面的員工授予的，只有企業的所有員工成為一個有力的團體，才是對企業經營者的最有力支持。沒有這種支持，企業家就等於一個沒有任何權力的指揮官。

卡爾森的名言是：「一家企業的總經理和一位政治家差不多，都有選民。公司的選民——全體員工也許不會真的到投票處投票，但是每個員工確實以兢兢業業或消極怠工的方式參加選舉。」

其實，不只是阿姆科公司和美國聯合航空公司，世界聞名的大企業都是非常注重打造堅強團隊。柯達公司的創始人喬治認為，一個企業的成敗與該企業能否有效的「發動群眾」，最大限度的動員群體的力量有很大的關係。因此，從一九八八年起，他就創立一套鼓勵員工提出各種建議的獎勵制度。到現在為止，該公司員工已經提出建議一百八十萬個，其中被公司採納的有六十萬個。目前，該公司員工因為提出建議而得到的獎金每年在一百五十萬元以上，這些建議為公司創造的利益又何止上億。

號稱「經營之神」的松下幸之助更是在一九四五年就提出：「公司要發揮全體員工的勤奮精神。」他不斷向員工灌輸「全員經營」、「群智經營」的思想。為了打造堅強團隊，直至二十世紀六〇年代，松下公司還在每年一月的一天，由松下幸之助帶領全體員工，頭戴頭巾，揮舞著旗幟，把貨物送出。在目送幾百輛貨車壯觀的駛出廠區的過程中，每一個工人都會感到由衷的自豪，為自己是這個團體的成員感到驕傲。

在給全體員工建立團體意識的同時，松下公司更是花心力發動每一個工人的力量和智慧。為了達到這個目的，公司建立提案獎金制度，不惜重金在全體員工中徵集建設性意見。雖然現在公司每年頒發的獎金在百萬以上，但是正如公司勞工關係處處長所指出的：「以現金來說，這種提案獎金制度每年所節省的錢超過所發獎金的十三倍以上。」不過松下公司建立這個制度的最重要目的並不在節省成本，而是希望每個員工都參加管理，每個員工在他的工作領域內都被認為是「總裁」。

正是因為松下公司充分認識群體力量的重要，並在經營過程中處處表現這個思想，松下公司的每一個員工都把工廠視為自己的家，把自己看作工廠的主人。因此，縱使公司不公開提倡，各類提案仍會源源而來，員工隨時隨地——在家裡、在火車上，甚至在廁所裡，都會思考提案。試想，有了這樣的「全民動員」，松下公司又怎能不成為稱霸世界的超強企業。

只要人人獻出全部智慧，企業何愁無法發展？若是將企業員工打造成一個堅強團體，企業又何愁攻無不克、戰無不勝？

桀、紂之失天下也，失其民也；失其民者，失其心也。

【語譯】

桀和紂之所以失去天下，是因為失去人民的支持；之所以失去人民的支持，是因為失去民心。

【原文釋評】

孟子認為得民心者得天下，這個觀點非常正確。在企業管理中，得到員工們的支持，留住人才，對提高企業戰鬥力非常重要。

【經典案例】

從前，有一個牧羊人，他對待羊群像對待人一樣關心。附近牧場上的草已經不新鮮。他怕羊群吃不好，就不辭辛苦，趕著羊群到很遠的牧場。

牧羊人對羊關心的名聲傳到野山羊的耳朵裡，它們當中幾隻山羊不相信牧羊人會關心羊群，就商量好到牧羊人那裡去試探。

這一天傍晚，牧羊人見天色晚了，把牧場的羊往回趕，他發現有幾隻野山羊混在羊群裡，心裡高興極了，也不聲張，一起趕回來關在羊欄裡。

第二天下起大雪，無法放牧，羊只能待在羊欄裡。牧牧人餵羊時像往常一樣，把好飼料餵給每隻羊而且給那幾隻野山羊的飼料中放了很多好飼料。他的算盤打得很精，希望能把野山羊收服馴化，這樣白白得到幾隻羊，多划算。

接下來的日子，牧羊人仍然暗中多餵好飼料給那幾隻野山羊。這樣過了不久，這幾隻野山羊被牧羊人的誠心打動，終於決定留下來。

牧羊人之所以厚待野山羊是別有用心，並非好客，他只是想留住野山羊。

管理也是如此，對待員工需要用方法籠絡他們的心，若說這也是領導者的別有用心，就大錯特錯。領導者關心員工，是為了讓員工安心工作，忠於企業，為發展企業做出貢獻，企業業績提升，給員工的福利也會更多。員工的忠誠和積極是企業生存和發展的關鍵，它是凝聚企業組織的黏合劑，使企業得以贏得員工的信任。所以企業的領導者一定要拿出籠絡的方法，關心每一位員工，關心的動作勿須太大，從幾件小事開始就可以：

■ 對工作上的關心，滿足員工的個人需要。

- 對員工家人的關心，雖然付出的不多，但是收穫很大。
- 對員工的健康關心慰問，能使員工深受感動。
- 對薪資的要求得以滿足。
- 常與員工多談心，拉近彼此距離。

關心員工要從關心他的身體健康開始，這句話聽起來好像與企業無關，但是細細推敲，就會發現它產生很大的作用。在世界手機行業佔據龍頭地位的摩托羅拉公司的總裁保羅・高爾文，他之所以獲得成功，就是從關心員工的身體健康下手，進而獲得員工的心。

在摩托羅拉公司，不管員工本人或是員工的家人生病，總裁高爾文說得最多的一句話是：「你真的找到最好的醫生嗎？如果有問題，我可以向你推薦看這種病的醫生。」

一位大公司總裁能真摯的表達他對員工的關懷和愛護，其情意會令任何一位員工都會感激涕零。員工為了報答總裁對自己的深情厚誼，會加倍的工作，顯示他們對企業的忠心。

高爾文對員工的付出和努力，感動很多人。許多人出高薪請不來的專家被請來了，許多員工在摩托羅拉一做就是好多年。由於一流的專家和有經驗的員工的全心竭力，摩托羅拉公司在短短的幾年中，在手機行業中，佔據龍頭地位。

在經濟不景氣的年代，工人們最怕失業。為了保住工作，他們最怕生病，尤其怕被老闆知道。比爾・阿諾斯是一位採購員，他現在的兩個擔心都發生了。他的牙病非常嚴重，不得已，只有放下重要的工作，因為他實在無力去做。可是，他的病還是被高爾文知道了。

高爾文看到他痛苦不堪的樣子，非常心疼，說：

「你馬上去看病，不要想工作的事，你的事我來處理。」

比爾・阿諾斯做了手術，但是他從未見到帳單，他知道是高爾文替他出的手術費用。他多次向高爾文詢問，得到的直截了當的回答是：「我會讓你知道的。」

阿諾斯的手術很成功，他知道憑自己的普通收入，難以負擔手術費。

阿諾斯勤奮工作，幾年後，他的生活大有改善。有一次，他找到高爾文。

「我一定要償還您代我支付的那筆手術費用。」

「你啊，不必這麼關心這件事。忘了吧！朋友，好好工作吧。」

阿諾斯說：「我會做得很出色的。但我不是要還您錢……是為了使您能幫助其他員工醫好牙病……當然還有別的病。」

高爾文說：「謝謝，我先代他們向你表示感謝！」

告訴大家一個感人的數字，阿諾斯的手術費是二百美元，這對高爾文來說是一個小數目，可是這二百美元代表的價值是對人的關懷和尊重，因為它買下一個人的心靈。

一個公司成為一個企業的發展和崛起，靠的是管理者的經營才智和員工的齊心協力的扶持。如果說管理者是衝鋒的元帥，員工就是強大的後援。只有上下同心，才能創建成功的企業。關心員工吧，他們並不需要多高的報酬，需要的是領導者溫馨的慰問，關心員工吧，從關心他們的身體健康開始！

家必自毀，而後人毀之；
國必自伐，而後人伐之。

【語譯】

一個家庭總是先有自取毀壞的因素，別人才毀壞它；
一個國家總是先有自取討伐的原因，別人才討伐它。

【原文釋評】

孟子指出一個家庭或一個國家的滅亡都是從自身開始的，這樣的事實我們在歷史上可以找到很多。企業管理也是一樣，在員工之間應該建立團結、合作的精神。

現代企業管理是合作精神的遊戲。組織中的領導者面對傳統的等級界限、明顯的金字塔式的組織結構時，應該更樂於這樣回答。有效的合作團隊，是組織結構的最大精簡。

合作精神是「圍繞著信任」而展開，在信任的建立和維繫上，其基本的規則是：

■ 信而有情。

- 信而有限。
- 信而有學。
- 必要的溝通，以消除誤解。
- 創造健康、合作的氣氛。
- 使用各種技巧、處事態度和情感上的靈活性。

【經典案例】

一九九二年前後，美國各大航空公司總共虧損二十億美元，連續三年的赤字總計達到八十億美元。三大航空公司——環球航空公司、大陸航空公司和美國西部航空公司——都在破產條款下運作，其他航空公司也在排隊「急著」進入它們的行列。一九九三年度的統計數字尤其給人留下深刻印象，這是因為像德爾塔航空公司、美國航空公司和聯合航空公司在此期間都出現巨額虧損。

看起來航空業發生災難性的虧損，然而事實並非這樣，西南航空公司的業績卻扶搖直上，其在一九九二年銷售額增長率高達二十五%，並且仍然保持盈利。在西南航空公司二十二年的經營中，除了最初兩年之外，年年盈利。當其他航空公司掙扎在破產邊緣，解雇服務人員和機師，關閉某些航線時，西南航空公司卻在大張旗鼓的推進它的增長計畫，購買更多的飛機，開闢新航線，招聘新人員。

西南航空公司最明顯的成功象徵是它的高效率，它贏得十一次美國運輸部頒發的「三重皇冠」獎——

最佳準點率、最佳飛行安全記錄和最少投訴次數。在美國，沒有哪家航空公司有過這種榮譽。

在此榮譽的背後，西南航空公司不會忘記一個非常人物——赫伯・凱勒爾。這個才華橫溢的首席執行官採取低價、緊縮的管理方式，才找到一個具有戰略意義的機會之窗。

赫伯・凱勒爾是一個什麼樣的人呢？

凱勒爾出生在紐澤西州，他父親是一家公司的經理，先後畢業於Wesleyan大學及紐約大學法學院。一九六一年，他來到聖安東尼奥，在那裡，他的岳父幫他成立一個律師事務所。一九六八年，他和一些投資者出資五十六萬美元創立西南航空公司，其中，凱勒爾出資二萬美元。

在最初的幾年中，凱勒爾是這個新公司的法律顧問和董事。儘管他沒有管理經驗，但是他的升遷很快：一九七八年被選為董事長，一九八一年成為首席執行官——他成為這家航空公司中最顯眼的人物。

凱勒爾開始在公司的大多數商業電視廣告中露面。

它的競爭對手美國西部航空公司看不慣，指責西南航空公司的一些廣告，認為它們的乘客會因為乘坐簡陋的飛機而感到窘迫。

於是，凱勒爾頭頂一個皮包又出現在電視廣告中，他承諾向所有為乘坐西南航空公司班機而感到窘迫的人提供這個皮包，指出它可以用來裝「所有因為乘坐我們的飛機而省下來的錢」。

凱勒爾給人感覺是一個古怪的人，他喜歡說故事，他自己經常是故事中的笑料，而且許多是實際生活中發生的笑話。

他承認自己有時有一點注意力不集中。

在他雜亂的辦公室內，他放了一些陶製的野生火雞作為他最喜愛的一種威士忌酒的象徵。他的毛病也挺多，一天通常吸五包煙。

有一個關於他的好笑的例子：他將自己的一架七三七飛機畫成殺人鯨的樣子，來慶賀聖安東尼奧海底世界的開幕。

還有，在一次航行中，他讓機上服務人員扮成馴鹿和妖精的模樣，同時讓飛行員一邊透過擴音器唱聖誕歌，一邊輕輕晃動著飛機向前飛去。

「凱勒爾是一個真正的瘋子！」Braniff航空公司的市場部經理湯瑪斯・J・沃爾茲這樣說，「但是誰又能對他的成功說些什麼呢？」

凱勒爾試圖使西南航空公司成為一個愉快的工作場所。他常和員工們無拘束的閒談，他們稱呼他「赫伯大叔」。他常參加設在達拉斯公司總部的週末晚會，鼓勵乘務人員扮演滑稽小丑，做像擊鼓傳令這樣的小遊戲。乘務員在復活節的晚會上穿著小兔子服裝，在感恩節穿著火雞服裝，在聖誕節戴著馴鹿角，凱勒爾自己還經常穿著小丑套裝或小精靈戲裝扮演各種角色。

可想而知，他的這項舉動將會在萬里藍天上，產生怎樣的效果啊！

肯定是轟動！凱勒爾的方法挺有效的，員工們工作得很辛苦但是卻毫無怨言，他們因為受到尊重而自豪，並且喜歡他們的工作。西南航空公司員工的流動率為七%，這在這個產業中是最低的。

其實，這些古怪的做法都有一個明確的目的：創造一種合作的精神，提高生產率。

「的確，你在飛機上像被放牧一樣對待，並且確實你只享受到花生和飲料，」奧克拉荷馬州塔爾薩的一家石油研究企業的副總裁理查‧斯皮爾斯說，「西南航空公司盡一切努力使你準時到達所要去的地方，這是最重要的。」

「赫伯的幽默很有感染力。」凱‧華萊士——空勤人員協會的一個地方分會主席這樣說，「每個人對他的工作都很滿意，並且意識到他要付出更多的努力。」

王如施仁政於民，省刑罰，薄稅斂，深耕易耨，壯者以暇日修其孝悌忠信，入以事其父兄，出以事其長上，可使制梃以撻秦楚之堅甲利兵矣。

【語譯】

大王如果對人民施行仁政，減免賦稅，深耕細作，及時除草，讓身強力壯的人抽出時間修養孝順、尊敬、忠誠、守信的品德，在家侍奉父母兄長，出門尊敬長輩上級，就可以打擊擁有堅實盔甲和銳利刀槍的秦、楚軍隊。

【原文釋評】

孟子強調，治理國家就要施行仁施，發展生產，增強人民的積極性，只要人民有信心，團結在一起，將是無敵的，即使秦、楚大軍也難奈他們如何。在企業管理中，最重要的是將員工們團結在一起，培養共同的戰鬥目標，對於企業發展將是非常有利。

再有力的手指，也比不上握緊的拳頭。

時代發展到今天，可以說人的社會屬性較以往任何時候都顯得更為明顯和重要。團隊精神正是人的社會屬性在當今企業和其他各個社會團體內的重要表現，它事實上所反映的就是一個人與別人合作的精神和能力。

現代企業想要使自身處於最佳發展狀態，這種團隊精神就必不可少。如今，已經有愈來愈多的企業在招聘人才時，把團隊精神作為一項重要的考察指標。

【經典案例】

IBM說：「團隊精神反映一個人的素質，一個人的能力很強，但是團隊精神不行，IBM公司也不會要這樣的人。」

SGI說：「SGI公司生產世界上最先進的電腦，但是世界上有一種儀器比電腦更精密，也更具有創造力，那就是人的身體。團隊精神就好比人身體的每個部位，一起合作完成一個動作。對公司來說，團隊精神就是每個人各就各位，通力合作。我們公司的每一個獎勵活動或者我們的業績評估，都是把個人能力和團隊精神作為兩個最主要的評估標準。如果一個人的能力非常好，但是他卻不具備團隊精神，我們寧可選擇後者。」

雅虎說：「踏足IT業的朋友，除了具有電腦知識以外，更重要的還要具有團隊精神。」

雅虎還將這個方針堅決的貫徹在公司的面試之中。他們採用被稱之為「Panel interview」的開放式面試程序，即採用座談的方式：考官首先在數以千計的簡歷中初步篩選出符合條件的人，在面試時，每位應聘者像開座談會一樣和主考官圍坐在一起，考官先發給每位應聘者一份考題，題目包含自我介紹、對雅虎公司的瞭解、如果被選中將如何面對以後的工作等，並給應聘者一定時間做準備，要求應聘者用英文在規定時間內回答考題中所包含的內容，在每位應聘者上台演講時，其他應聘者將給他打分數，最後主考官將每位應聘者的分數進行整理，排出先後次序以決定最後結果。

這樣的考試方法對於應聘者而言，掌握「生殺大權」的並不是主考官，而是他們的競爭對手。也就是說，你需要贏得所有應聘者的好感，因為其中也有你未來的同事。這種面試的目的，旨在於發現應聘者是否合群、善於和他人溝通，是否具備團隊精神。

無獨有偶，法國斯倫貝謝公司在招聘員工時也採用大同小異的做法。

他們在招聘時，對應聘者進行一次非常有意思的面試：將十名應聘者分成兩個小組，假設他們要乘船去南極，要求這兩個小組在限定的時間內提出各自的造船方案並且做成船的模型。面試官根據應聘者對於造船方案的商討、陳述和每個人在與本小組其他成員合作製作模型過程中的表現進行打分，以確定適合的人選。

透過這種方式，公司不僅考察應聘者的創新意識、語言表達能力和操作能力，更重要的是，可以充分瞭解應聘者是否具備團隊精神。

事實上，許多國際知名企業都十分注重採取各種科學的方法，考察應聘者是否具備團隊精神，這一點在高科技企業中顯得尤為明顯。

現在，團隊精神已經日益成為一個重要的企業文化因素，對員工而言，它要求員工要善於與人溝通，尊重別人，懂得以適當的方式和他人合作，學會領導別人與被別人領導。

一個團隊是一個有系統的整體，在現實的企業競爭環境內，你根本不可能只憑個人的力量大幅提升企業的競爭力，團隊力量的發揮已經成為贏得競爭勝利的必要條件，你競爭的優勢只在於你能比別人更能發揮團隊的力量。

正如利皮特博士所說的：「人的價值，除了具有獨立完成工作的能力以外，更重要的是賦有和他人共同完成工作的能力。」

但是，現代人大部分都以自我為中心，在團體中不能很好的與大家合作，在團隊精神方面十分欠缺。絕大部分企業又都特別注重團隊精神，因此不能適應團隊生活的人必定不會受到企業的青睞。

喬森因為在程式設計方面十分有天分，所以他被高薪招聘到微軟公司。進入公司半年多，喬森在工作中表現非常優異，技術能力得到大家的認可，每次均能夠按照計畫、保證品質的完成項目任務。在別人手中的問題，只要到了喬森那裡，十有八九迎刃而解。為此，公司對喬森非常滿意，有意提升他為專案主管。

然而，公司在考察中卻發現，喬森除了完成自己的項目任務以外，從不關心其他事情；他對自己的技術也很保密，很少為別人解答疑問；對分配的任務有時也是挑三撿四，若臨時額外追加工作，便表露出非常不樂意的態度。此外，他從來都是以各種藉口拒不參加公司舉辦的各種團體活動。

顯然，像喬森這樣不具備團隊精神的員工，自然不能成為適合的主管。公司因此放棄對喬森的提拔，喬森卻仍是一頭霧水。

關於團隊精神，ＩＢＭ的定義如下：**團隊就是一小群有互補技能，為了一個共同的目標而相互支援的人。**對於一個團隊來說，最基本的是要有一個清楚的目標：志同道合。

喬森卻只對自己的工作感興趣，對共同的目標不感興趣，對幫助他人更是不屑一顧。這樣的人怎麼能成為一名稱職的ＣＥＯ呢？他甚至連一名稱職的員工都稱不上，因為當整個團隊都在步調一致的行動時，如果他只自私的埋頭於自己的工作，他必然會成為整個團隊前進的阻礙！

一位資深人力資源專家說，**團隊精神有兩層含義：一是與別人溝通、交流的能力，二是與人合作的能力。**因此，個人的工作能力和團隊精神對企業而言是同等重要的，如果說個人工作能力是推動企業發展的縱向動力，團隊精神就是橫向動力。

一個具有團隊精神的優秀管理者，可以更好的達成企業的品質目標。

一個具有團隊精神的優秀管理者，可以更好的實現企業的經營方針。

一個具有團隊精神的優秀管理者，可以把企業帶到永續經營的至高境界。

來吧！從現在開始努力打造你以及你的團隊，讓自己成為一個具有團隊精神的優秀管理者，帶領你的企業邁向更高、更遠的未來！

中也養不中，才也養不才

【語譯】

品德修養好的人教育品德修養不好的人，有才能的人教育沒有才能的人。

【原文釋評】

孟子指出，一個良好的社會裡，應該是互相幫助、相互學習的社會。品德好的人教育品德不好的人，有才能的人教育沒有才能的人。在團隊管理中，管理者要注意學習的重要性，在一個組織裡，各個成員要相互學習，才能提高團隊的戰鬥力。

知識更新速度加快的今天，企業已經不可能承受停止學習所帶來的災難性後果，發掘每個人的學習潛能是企業成功的必經之路。

在劇烈競爭的狀態中，比對手學得更快意味著最穩定的競爭優勢。通用電氣公司的前總裁傑克・威爾許說：「一個企業學習的能力，以及把資訊迅速轉化為行動的能力，就是最終的競爭優勢。」

學習型組織對所處環境極其敏感，造就公司創新與適應的能力，在全球化時代特別需要這種能力。

互動是形勢的需要，也是市場競爭的需要。每個企業員工的「心智」都是一個獨立的「能量」，而其潛意識則是一種磁力。當一個人去行動時，磁力就產生了，並將財富吸引過來；如果一個人的心智與更多的「磁力」相同的人結合在一起，就可以形成一個強大的「磁場」，這個「磁場」的創造力量將會是無與倫比的。這就是「互動」的意義。

只有全體員工都認同這個目標，才能產生有活力的員工和有合力的組織，進而實現大家的目標。缺少互動，無法實現既定目標。什麼是互動的學習團隊呢？有人這樣說：即使你是「天才」，憑藉自己的想像力，也許可以獲得一定的財富。但是如果你懂得讓自己的想像力與其他人的想像力相結合，就必然會產生大得多的成就。

互動的關鍵在於管理者。沒思路的管理者不能互動；沒控制力的管理者不敢互動。團體學習效果不好的原因，是因為大部分的管理者害怕在團體中互相追根究底的質疑求真所帶來的威脅。所以，管理者必須破除「真理在我手中」的思想，因為學習型組織的根本特點是整個組織的所有層次都在進行思考，而不是只有高層領導者在思考。只有每個員工都「動」起來，整個企業的競爭力才能變大。

很多優秀企業都有自己的大學。例如，英代爾公司就辦有大學，開設足夠多的課程，供員工隨時報名進修。通用聞名於世的克羅頓學院和與之相仿的摩托羅拉大學都是企業大學的典範，它們代表企業的一種投資，目的是創造一個有學習能力的組織，一個對求知欲旺盛的員工進行培養的組織。它們象徵著這些公司為其員工的繼續發展創造機會。

夫物之不齊，物之情也。或相倍蓰，或相什百，或相千萬。子比而同之，是亂天下也。

【語譯】

各種東西的品質和價格不一樣，這是自然的，有的相差一倍、五倍，有的相差十倍、百倍，有的甚至相差千倍、萬倍。你想讓他們完全一樣，只是搞亂天下罷了。

【原文釋評】

孟子在這裡指出任何東西都有各自的屬性，是不相同的。在現實社會中也是如此，每個人各不相同，社會分工也不相同，在一個團隊裡，要認識人的差異性，因為團隊精神不是集體主義。

【經典案例】

一九六一年，二十五歲的威爾許帶著漂亮的新婚妻子來到馬塞諸塞的匹茲菲爾德，並已經以化學工程師的身份在GE的一家研究所裡工作了一年，年薪是一萬零五百美元，年終還漲了一千美元，他覺得挺不錯。可是當他發現一個辦公室裡四個人的薪水居然完全一樣時，他去找老闆理論。當然，沒有任何結果。沮喪之際，他萌發去意。

就在這時，上級主管魯本・加托夫來到研究所檢查工作。他與威爾許並不陌生，他們曾經在幾次業務會議上碰過面，威爾許每一次都能提出一些超出他預期的看法。威爾許就是想「脫穎而出」，魯本・加托夫顯然也已經注意到這一點。當他知道威爾許將要離去時，晚飯後的四個小時裡竟一直極力的挽留，並且發誓要杜絕公司的官僚作風對威爾許的影響。深夜一點鐘了，他又在高速公路旁的電話亭裡打電話，繼續遊說……威爾許和妻子已經進入夢鄉，可是魯本還在工作。

以下是威爾許的自述：

在黎明後的幾個小時，在歡送我的聚會舉行之前，我決定留下來。從此，我再也沒有離開GE・加托夫的認可——他認為我與眾不同而且特殊——讓我留下深刻印象。

從此以後，區別對待便成為我進行管理的一個基本部分。有些人認為區別對待的做法會嚴重影響團隊精神，但是我覺得這是不可能的。你可以區別對待每個人而建立一支強有力的團隊。瞧瞧棒球隊，每個人都必須認為比賽裡有自己的一份，不過這並不意味著隊裡的每個人都應該得到同等對待。

我深刻的體會到，比賽就是如何有效的配置最好的運動員。誰能夠最合理的配置運動員，誰就會成功，這一點對於商業來說沒有任何不同。

成功的團隊來自於區別對待，即保留最好的，剔除最弱的，而且總是力爭提高標準。

團隊精神並不等於「集體主義」！

區別對待，這是成功團隊的關鍵要素。

威爾許的領悟又給了我們什麼啟示？看來團隊精神不等於「集體主義」。

我們的社會一貫強調「集體主義」，可是它究竟是什麼呢？人們認為：「集體主義」是與「個人主義」相對的基本道德原則，是集體利益與個人利益發生衝突時的「正確的」價值取向。它要求一切「以人民的利益」為出發點，強調集體利益的道德權威性，堅持集體利益高於個人利益，個人利益服從集體利益。儘管它也提倡集體利益與個人利益的結合與協調，要求二者一致的發展，宣導「人人為我，我為人人」……

但是，我們不能不考察它在社會生活中的真實價值。長期以來，以傳統集權思想為本的中國社會，更注重的是集體利益高於個人利益，個人利益服從集體利益。這樣的價值取向發展到極點，集體主義的獨特表象就顯露出來，就是它追求趨同，而埋沒人最本質的東西——個性與特長。以趨同為基礎，我們有了為人民服務的絕對要求，有了毫不利己、專門利人的捨己精神，有了無私奉獻的崇高境界。這些本來無可厚非，但最怕的是物極必反，久而久之的結果是：多數服從少數，唯命是從。人的個性創造、個性發揮，最終則被扭曲和抹殺。

我們應該培養什麼樣的團隊精神呢？或許應該先明白：什麼是團隊？

什麼是團隊？看起來這不像一個難以回答的問題。在今天，團隊似乎隨處可見，人們也早已氾濫的使用這個辭彙。可是如果我們深究：什麼樣的團隊才能使工作做得最出色，什麼樣的團隊管理才能真正提高團隊的效率時，就不是一件容易的事情，這就必須尋本溯源，回到對「團隊」的再理解。

《團隊的智慧》的兩位國際知名作者——道格拉斯與史密斯，一再強調要精確的區分團隊和一般性的集團：團隊不是指任何在一起工作的集團。團隊工作代表一系列鼓勵傾聽、積極回應他人觀點、對他人提供支援並尊重他人興趣和成就的價值觀念。

我們再來看看威爾許提到的典型團隊——運動團隊，不難發現：其一，團隊最基本的成分——團隊成員，是經過選拔組合的，是特地配備好的；其二，團隊的每一個成員都做著與別的成員不同的事情；其三，團隊管理是區別對待每一個成員，精心設計和相應的培訓使每一個成員的個性特長能夠不斷的得到發展並發揮，這才是團隊。

這樣，團隊與一般性集團鮮明的差別就顯現出來——創造團隊業績。團隊業績來自於哪裡？從根本上說，首先來自於團隊成員個人的成果，其次來自於集體成果，一句話，團隊所依賴的是個體成員的共同貢獻而得到的實在的集體成果。這裡不要求團隊成員犧牲自我完成同一件事情，而要求團隊成員都發揮自我做好這件事情。

也就是說，我們最不可忽視的團隊高效率的培養，團隊精神的形成，其基礎是尊重個人的興趣和成就。設置不同的職位，選拔不同的人才，給予不同的待遇、培養和肯定，讓每一個成員都擁有特長，都表現特長，這樣的氣氛愈濃厚愈好。

當然，我們不能忘記團隊的根本功能或作用，即在於提高組織整體的業務表現。強化個人的工作標準也好，幫助每一個成員更好的實現成就也好，目的就是為了使團隊的工作業績超過成員個人的業績，讓團隊業績由各部分組成而又大於各部分之和。

於是，團隊的所有工作成效最終會在一個點上得到檢驗，這就是合作精神。

如果沒有魯本對自己工作職位的深切瞭解和認識，沒有他執著的合作精神，威爾許還會是今天ＧＥ裡的威爾許嗎？

可見團隊的一大特色：團隊成員一定是在才能上互補的。共同完成目標任務的保證就在於發揮每個人的特長，並注重流程，使之產生合作效應。

至此，我們要問，團隊精神的最高境界是什麼？是全體成員的向心力、凝聚力。這是從鬆散的個人集合走向團隊最重要的象徵。

在這裡，有一個共同的目標並鼓勵所有成員為之而奮鬥固然是重要的，但是向心力、凝聚力一定來自於團隊成員自覺的內心動力，來自於共識的價值觀。我們很難想像在沒有展示自我機會的集團裡能形成真正的向心力；同樣我們也很難想像，在沒有明瞭的合作意願和合作方式下能形成真正的凝聚力。那麼，確保沒有信任危機就成為問題的關鍵，而損害最大的莫過於團隊成員對組織信任的喪失。

究竟什麼是團隊精神？我們是否可以說就是在企業裡有這樣一種氣氛：能夠不斷的釋放團隊成員潛在的才能和技巧；能夠讓員工深感被尊重和被重視；鼓勵坦誠交流，避免惡性競爭；用職位找到最佳的合作方式；為了一致的目標，大家自覺的認同必須擔負的責任和願意為此而共同奉獻。

第七章：沒有規矩，不成方圓

任何好的辦法，在失去制度的保證下，好辦法也將變成爛辦法。規矩、制度、法律猶如一種遊戲規則，人人都要遵守遊戲規則，否則一切利益都將無從保證。同樣的，一個企業如果沒有好的規章制度，則無法形成好的工作環境。一些人把公司的規章制度視作官僚作風的象徵，並且極力避免討論這個問題或者把它視若瘟疫。儘管如此，如果沒有規章制度，就好像沒有法律的社會一樣混亂。

上無禮，下無學，賊民興，喪無日矣

【語譯】

如果在上位的人沒有禮義，在下位的人沒有教育，違法亂紀的人愈來愈多，國家的滅亡就快了。

【原文釋評】

孟子實際上將禮作為一種制度、一種規範。按照現在的說法就是法律。當然我們提的是以法治國與以德治國相結合。兩者處於同等地位，缺一不可。企業管理也是同樣，制度是硬性的規定，它是一種手段，但不是目的。

每個部門都有規章制度，部門中的任何人觸犯規章制度都要受到懲處。「熱爐」法則具體的闡述懲處原則：

熱爐火紅，不用手去摸也知道爐子是熱的，是會灼傷人的——警告性原則。領導者要經常對下屬進行規章制度教育，以警告或勸誡不要觸犯規章制度，否則會受到懲處。

每當你碰到熱爐，肯定會被火灼傷——一致性原則。「說」和「做」是一致的，說到就要做到。也就是說，只要觸犯部門的規章制度，就一定會受到懲處。

當你碰到熱爐時，立即就會被灼傷——即時性原則。懲處必須在錯誤行為發生後立即進行，絕不能拖泥帶水，絕不能有所拖延，以便達到使犯錯的人及時改正錯誤行為的目的。

不管是誰碰到熱爐，都會被灼傷——公平性原則。不論是管理者還是下屬，只要觸犯部門的規章制度，都要受到懲處，在部門規章制度前人人平等。

從熱爐定律可以知道，對於一家企業，如果規矩定得好，工作的情緒就會高昂；反之，在不講究規矩或者規矩定得不好的公司上班，工作情緒自然而然的趨於散漫，後者常令員工不滿。人類是合群的動物，有喜好規矩的習性，也唯有在規矩公正嚴明的場所方能專心工作，提高工作效率。

「規矩」在非正式組織中也看得出來。規矩是為了維持團體秩序、加強團結自然而然的產生，所以每個團體的成員都能主動遵守。在非正式團體中，彼此尤為親密，一致行動時就形成集團化，不知不覺中成為集團的規範。這種規範無形中也制約各團體的成員，彼此皆能自動遵守這個規範。

一般說來，集團愈大，向心力愈弱，愈不易統一，故必須先在行動上取得一致。這並非要員工嚴格遵守某條文，而是以行動約束規矩，這是自然組成的，絕非強迫組成的。就因為如此，為了要將自然形成的規矩變成條文表列的規矩，就必須由「每位成員都要遵守」的觀念中，變成強制執行的觀念，有此觀念，才能工作得更賣力。

在一家公司，進取的員工是極富有價值的資產。然而，他們有時也會過於熱情或超越理智的限度。不受約束的熱情會導致不適當的行為，會給進取的員工和公司造成麻煩。

領導者的作用之一就是規定限制，讓員工知道他們到底能做什麼。建立合理的規範，員工就會在其規定的範圍內行事。

這種限制不應該過於嚴格，可以寬鬆一些，但是一定要有，這樣就會讓員工感覺到某種形式的控制，進取的員工也會瞭解到其所做的事情不是絲毫沒有限制。

最好的方式似乎是放寬限制，可以有許多靈活性，給員工盡可能多的空間。

有兩種層次的「限制」似乎最有效。首先是員工在哪些領域可以不受約束的履行職責；其次是當超越規定的範圍，要求員工在繼續進行之前，必須得到管理階層的許可。

員工確實很想知道對他們的限制，這更堅定其對自己所享有的自由的信心，同時也願意瞭解組織控制是存在的。

為了確保秩序，企業的領導者當然希望企業員工能自行遵守規矩，但是事實上並不太可能，因為一開始並不一定能制定讓大家心服口服的規矩，故必須多聽聽員工的想法，多徵求他們的意見，待員工充分同意後再來制定規矩。

如果規矩無法被遵守，在廢棄之前須將此規矩做全盤的檢查，看看有無勉強、不合理、不必要的規矩摻雜其中。規矩可能因時而異，若有不合時代要求的規矩，就應該大刀闊斧修改或刪除。

如果你制定沒有必要的愚蠢的制度，這些制度又與組織文化或其他制度相抵觸，或制度本身就不合理，員工就會對所有制度產生否定態度，對愚蠢制度的鄙視情緒很容易轉移到新的規章制度。

最簡單的解決方法是：確保所有的規章、條例、政策、程序和操作方法都是合理的，並且是正確的。這些規章制度應該有助於組織取得成果，有助於員工完成工作。

組織發展得愈大，就愈容易制定更多的規章制度。即使一切正常運行，隨著員工數目和工作場所的增加，也會使規章制度成比例的增加。在許多情況下，規章制度是必需的，在制定政策時，要集中考慮這些情況，以免出現官僚主義作風。

要阻止在官僚組織中有愈來愈多規章制度的習慣。切斷繁文縟節，別再讓它繼續繁殖！繁文縟節很難自行消失，也不利於組織環境的培養。

上無道揆也，下無法守也，朝不信道，工不信度，君子犯義，小人犯刑，國之所存者幸也。

【語譯】

在上位的人沒有道德規範，在下位的人沒有法規制度，不信道義，工匠不信尺度，官吏觸犯義理，人民觸犯刑律。如此下去，國家還能生存真是太僥倖了。

【原文釋評】

孟子再一次指出法律對於治國的重要性。雖然我們瞭解孟子的思想核心是仁，以仁政管理，但是孟子同時也指出，雖然「仁者無敵」，但是還需要以法律來保障。

【經典案例】

有個人養了一頭驢和一隻哈巴狗。驢子關在欄子裡，雖然不愁溫飽，卻每天都要到磨坊裡拉磨，到樹林裡拉木材，工作很繁重；哈巴狗會表演許多小把戲，很得主人歡心，每次都能得到好吃的食物當作獎勵。驢子在工作之餘，難免有怨言，總抱怨命運對自己不公平。

這一天機會終於來了，驢子扭斷韁繩，跑進主人的房間，學哈巴狗那樣圍著主人跳舞，又蹬又踢，撞翻了桌子，碗碟摔得粉碎。驢子還覺得不夠，牠居然趴到主人身上舔他的臉，把主人嚇壞了，直喊救命。大家聽到喊叫急忙趕到，驢子正等著獎賞，沒想到反而挨了一頓痛打，被重新關進欄子。

驢子關在欄子裡是有規定的，他不可能像哈巴狗一樣跟在主人的後面跳舞。如果一旦破壞規定，把哈巴狗的工作讓他來做，一切就會亂了秩序。

「企業工作缺乏效率，最終要負起責任的，是企業領導者而不是企業本身。」這是瑪麗・莫西爾的一句名言。建立目標明確的企業，最有效的工具是企業章程。多數企業都有職責說明、制定目標的體制及個人業績評估系統。

企業章程的評估，值得引起企業領導者的特別注意。評估能夠量化企業完成的目標及主要績效，可以藉以向企業員工傳達專案進展情況，並為發現問題和解決問題提供一個跳板。

業績評估使企業能檢測自己的進展。例如，降低成本的企業一般都設立成本目標；業務流程重組企業設立週期或時間目標。所有這一切使企業建立責任心，聽起來好像是壓在企業之上的一副重擔。正好相反，企業的存在就是為了應付這種挑戰。

企業領導者也必須從評估中得到資訊和報告，下面是企業領導者如何把企業工作列入其日程表的一些方法：

■ 員工會安排企業工作進展彙報的時間。
■ 評估企業報告，並且回饋。
■ 參與重大里程碑的資訊發佈。
■ 要求定期參加企業會議。
■ 旁聽其他會議。

如果企業領導者明確要求企業使用現有業績彙報方式，可能會無意之中限制有效交流，而因此限制他們的效率。

企業員工完成工作時，不管業績好壞，都需要企業領導者幫助解決業績問題。他們需要回饋，需要有機會和統領全局的企業領導者一起檢查自己的工作與現實的差距。

食之以時，用之以禮，財不可勝用也

【語譯】

要注意按照時令，正常的向人民徵收錢糧，本著一定的規矩，節省各種開銷，累積的財富就足夠使用。

【原文釋評】

孟子明確的指出一定要注意節省開銷，當然，該用的也不能小氣。這在管理中表現出理財的重要性，學會花錢，但是不能浪費。

企業的管理者必須明白，企業的資產是逐步累積的，對於這些財富必須學會珍惜。因為一點點財產的浪費，不僅損失財富本身，更重要的是給企業的整體凝聚力和戰鬥力帶來致命的打擊。

珍惜財富的最好方法是杜絕浪費。對資金的浪費會帶來各種不良的影響：它會損害企業的財富，造成企業中的健康資產的流失；它會破壞企業的制度；它會打擊團隊的凝聚力，容易使員工形成一盤散沙；它會使計畫因為散漫而不能正確執行；它會使敬業的精神面臨挑戰。

為了減少浪費，降低成本，不僅在企業的制度上，而且要在機器設備方面盡可能的做出基本的改變。

有時，公司也要重新設計，如當高價購入的機器設備閒置時，可以採用完全新的工作進度表或某些新的存貨管理辦法，預防性的維護系統也相應做出改變。

為了避免浪費，可以採取以下措施：企業的管理者可以把不應該做的事情徹底的去除；可以制定相應的獎懲分明的制度規範，並且嚴格的加以執行；可以設立相應的監督機構；可以重新設計某些設備的操作，確保浪費被降到最低；可以採用更節約、更經濟的技術；可以精確測定原料需求量，避免採購環節的浪費；可以改進原料製造、剪裁技術；可以削減高額的交通費與招待費；不要讓機器設備長期閒置不用；不要讓辦公室的電燈和空調在無人時長期開啟……

企業的管理者要儘量節約，減少不必要的浪費，要讓員工感覺到公司中的一切都是在花他們自己的錢。這樣一來，全體員工都會自覺的避免浪費。我們要知道，微不足道的小節省，匯聚起來會對控制成本、減少開銷具有很大的意義。

國外的一項行之有效的措施是推行員工持股計畫。員工持股可以說是避免浪費的最好辦法，因為員工持有企業的股份，每個人就會成為企業的小老闆、小股東，他們就會像珍惜自己的財富一樣，珍惜公司的財富，浪費現象就會被降到最低水準。

在避免員工揮霍無度的浪費的同時，我們也要防止另一個極端：不敢花錢，特別是一些必要的開銷也節省。

通常來看，在一定時期內，公司擁有的資本是一個既定的數目。你如果將這部分錢用在這個用途，便不可以將它再用在另一種用途。因此，你必須確保用於該用途的收益一定要大於所放棄用途的收益，否則就是不划算的。

從這個意義上說，我們必須學會花錢，要認真的篩選投資項目，確保投資用於獲利最高的專案；要儘量壓縮消費開支，同時學會計算項目收益，比較專案投資價值。在大額支出之前，必須確定的是這筆錢的確有支出的必要。

除了用於投資項目的開銷之外，公司也要支出，這種消費通常不會有直接的收益。因此，必須儘量壓縮不必要的開支，以便節約更多的資本用於收益可觀的項目。在企業的消費支出中，應該注意的是：這種消費是否真正有必要，能否延長這種消費，是否存在更省錢的辦法，能否藉助其他方式如分期付款、消費信貸等方式來進行消費。

企業的管理者切記：不要怕花錢，但是要考慮這些錢是否值得花。必須將有限的資金用在最佳的項目，確保不浪費一分錢。

勞心者治人，勞力者治於人；治於人者食人，治人者食於人

【語譯】

腦力勞動者統治人，體力勞動者被人統治；被統治者養活別人，統治者靠別人養活。

【原文釋評】

孟子將人分成統治者與被統治者，認為各有各的職責。雖然在現代企業管理中，統治者與被統治者無絕對的區分，但是孟子對於各司其職的觀點對我們仍有很大啟示。作為管理者不需要事必躬親，應該適當授權，合理統籌安排，放手讓員工們做事，才能收到最好的效益。

日新月異的科技發展形勢，使企業的管理者不可能做到面面俱到，並干涉企業各個階層的具體工作。因此，很簡單的做法是管理者負責整體的營運和決策，而不是關心細枝末節，管理者只需要把自己的決定告訴下屬，至於怎麼做，應該放心的由下屬思考，讓各個負責人各負其責，發揮各自的才能。

一般的管理者不放心把權力委託給下屬，這是出於「誰也不會像我做得那麼好」的思想。雖然他們也意識到個人的能力有限，不過多數情況下，他們還是只考慮怎樣安排自己的生活，以便有更多的時間和精力用到企業上，而不會想到請其他人來完成部分工作。他們做事總是喜歡統統自己動手，員工只能當他的

助手，造成自己整天忙得像無頭蒼蠅。思科公司的總裁約翰・錢伯斯就不是這類的領導者，在所有大企業中，恐怕他是最樂於授權給下屬的總裁。約翰・錢伯斯說：「也許我比歷史上任何一家企業的總裁都更樂於授權，這使我能夠自由的旅行，尋找可能的機會。」

【經典案例】

孔子的學生子賤有一次奉命擔任某地方的官吏。當他到任以後，卻時常彈琴自娛，不管政事，可是他所管轄的地方卻治理得井然有序，民興業旺。這使那位卸任的官吏百思不得其解，因為他每天即使從早忙到晚，也沒有把地方治理好。於是他請教子賤：「為什麼你能治理得這麼好？」子賤回答說：「你只靠自己的力量，所以十分辛苦；我卻是藉助別人的力量來完成任務。」

現代企業中的領導者，喜歡把一切事務攬在身上，事必躬親，從來不放心把一件事交給下屬做，這樣，使得他整天忙碌不說，還會被公司的大小事務搞得焦頭爛額。

其實，一個聰明的領導者，應該學學子賤，正確的利用部屬的力量，發揮團隊合作精神，不僅能使團隊很快的成熟，同時也能減輕管理者的負擔。

在公司的管理方面，要相信少就是多的道理：你管得少些，反而收穫更多。

最有能力的總裁並不等於大權在握、集權統治。錢伯斯認為：一群人總是能夠打敗一個人。

錢伯斯認為，最優秀的領導者並不需要事必躬親，其關鍵作用在於如何把人員合理的進行統籌安排。

他說：「很久以前我就學會如何放手管理。你不能讓自己成為障礙，成為一個高效率的公司的唯一辦法就是聘用在各自的專業領域裡比你更好、更聰明的人，使他們熟悉他們要做的事情，要隨時接近他們，以便讓他們不斷聽到你為他們設定的方向，然後，你就可以走開。」

如果是中央集權制，即上面做決定，下面只是執行，大家就不會有動力。錢伯斯的做法是：不告訴下面的人應該怎麼做，而是告訴他們一個目標，讓他們決定怎麼實現這個目標。在錢伯斯的「分權」理論指引下，整個思科的管理方式都有了極大的變化：他們摒棄「指令性管理法」，採用「目標性管理法」。任何人都不能對員工的具體工作比手畫腳，上級只能制定方向，具體操作就由員工自由發揮。這樣一來，在目標的確定上，由上下級共同討論商議，在目標的實現上，員工會有很大的靈活範圍來採用具體方法。每個人沒有必要一定要聽從其他人的指令才能完成任務，員工自己的方式也許會將工作完成得更好、更快。

在思科，高級管理階層確定戰略和目標，建立公司所需要的文化，然後授權給基層，令公司更多的基層人員擁有決策權。這樣做就使得公司的許多事情是由市場來決定，而不是公司決定市場，而且隨著網路的飛速發展，思科也發生新變化：許多以前只能由高級管理階層掌握的資料，現在到了基層人員和客戶手中。授權給他們，決策的品質會得到更快的提高。

錢伯斯認為，一個人的能力有限，只靠一個人的智慧指揮一切，即使一時能夠取得驚人的進展，但是終究會有失敗的一天。因此，思科公司今天的成功不是僅僅靠首席執行官的領導，不是僅僅依靠高層管理人員的努力，而是依靠全體思科員工的團體努力才獲得的。

善政得民財，善教得民心

【語譯】

好的政策可以得到人民的財富，好的教育可以得到人民的心。

【原文釋評】

孟子的觀點其實包含理財的觀念，經濟是一個國家的基礎，作為一個管理者要學會理財，建立成本觀念，才能讓企業發展壯大。

財務管理及資金運用在經營活動中是最關鍵、最敏感的問題。從某種意義上說，管理好資金比賺錢更重要。經營活動從本質上說是一種複雜的物質利益活動。只有合理安排資金，才能有效保證企業的生產和發展。這裡向您強調的是處理資金周轉、資金成本、利潤、預算，解決投資、稅收、債務，及利用金融市場等問題的重要性。

在企業的財務管理中，成本管理尤為重要。

首先，企業的管理者必須懂得授權的意義。他必須把一個龐大而複雜的工作交給幾個獨立的人完成。每個人只有完成這項工作中的一小部分，並對其負責。這種分權制的管理原則可以提高工作效率，也可以增強每個人的責任感，便於考核的展開進行。

在企業的成本控制中，責任分散的這個分權原則有更廣泛的運用。通常來說，企業的成本管理與各個部門及每個人的責任相結合，這會使企業龐大的預算、控制及決策指標分散到各個部門及個人。每個員工及部門都會對份內的工作負責，就有利於整體控制目標的實現。

在現實中，各個企業每年都要做大量的預算和開支計畫，並且幾乎每個企業無一例外的都有這樣的計畫，計畫經主管部門批准之後，由一個具體的部門經理和主管負責這個計畫的實施。只要部門經理能使下面的預算和工作在公司制定的規章制度範圍之內，都是能夠允許的。至於每個人如何完成這些任務，達到這些目標，則是他們自己的事情。

因此預算與責任相結合是一個很好的辦法，企業的管理者可以用它按照系統分派責任。同時，還可以保持對成本的控制與監督。在責任分散的整個過程來看，制定適當而適合的標準則是這個過程的關鍵因素。

具體來說，在制定這個標準過程中，我們應該考慮一些問題：如整個預算的分配是否會提高工作效率，減輕工作負擔；每一責任是否有專人負責、專人監督；分配責任後的預算控制系統是否有時間進行決策思考；啟動整個系統之後，是否會產生重大財務負擔；每一預算是否有嚴格而全面的監督；是否將責任與員工的考核、選拔、激勵、獎勵制度相結合。

在成本控制中，實行責任分散，可以取得良好的效果。

企業的各個部門和部門負責人都制定出他們的預算標準。實際費用的發生情況與預算進行對照，對於企業的財務狀況就可以清楚的反映。企業的組織者和管理者就可以從這些報表中瞭解成本控制及管理工作的情況，使成本管理更加清晰、明瞭、簡便易行。同時，他們還可以發現報表中的實際情況與預算發生偏差，可以馬上採取行動。對於實際情況和預算相和諧的部分，就不必做任何行動。

預算和責任分散如果能在企業管理中得到適當的運用，它一定能成為成本管理和控制中非常有效的工具，確保每個人的職責範圍，隨時發現問題，對每個責任者的獎優罰劣，嚴格考核責任者。

其次，管理者對資金成本的管理。

實際上，資金成本是產品成本必不可少的部分。與產品成本不同，資金成本並不是製造、生產的成本，而是佔用使用資金的成本。在市場經濟的條件下，企業籌措資本往往是要付出代價的，這種代價就是資金成本。

資金成本通常包括兩部分：一部分是用資費用。它是指企業在生產經營、投資過程中，為了使用資本而付出的費用，如向銀行支付貸款利息、向股東支付紅利……這些構成資金成本的主要內容。在通常情況下，用資費用和資金數量的多少和使用期限的長短成正比，它屬於一種變動性的費用。

另一部分就是籌資費用。它指的是企業在籌措資金過程中，為了獲取資金而付出的代價。如向銀行支付借款手續費，因為發行股票、債券而付出的發行費用……籌資費用通常是在籌措資金時一次支付的，在用資過程中不再發生，因此是一種固定性費用。

在瞭解資金成本後，我們可以應用資金成本幫助我們決策。在使用資金成本概念進行決策時，我們應該避免一些陷阱：如一些管理者總是儘量吸引投資而避免借錢。他們認為，發行股票籌到的錢是無本萬利的，不用交利息。借款要償付利息而且有還款期限。實質上發行股票籌措的資金要遠遠超過借款所付出的代價。雖然你不向投資人還本付息，但是要面臨按比例分配你的盈利，股票籌資所付出的代價實質上遠遠超過借款的代價。

除此之外，資金成本的概念還有更深的延展，如綜合資本成本，它指的是企業長期資本的總成本；邊際資本成本，它指的是企業追加籌措資金的成本；個別資本成本，它指的是債務成本、權益成本等單項成本。

在資金成本概念的運用過程中，我們可以比較籌措資本的方式的依據；可以選擇追加籌資方案的評判標準；可以評判企業資本結構的基礎；可以評價投資項目；可以比較投資方案；可以追加投資決策……

作為企業的管理者，你必須學會用資金成本的觀念，考察你的投資和理財計畫是否科學與經濟。計算各種資金的成本，學會相互比較，讓資金成本參與投資決策。同時，不斷評價整體的綜合資金成本，改善資本結構。

杜拉克說過：「**在企業內部只有成本。**」因此，成本的降低就意味著利潤的增加。但是，有些企業在千方百計提高利潤的同時，卻忽視全面的成本降低計畫。

事實上，不管經濟情況如何，在力求提高利潤或穩定利潤時，成本降低應該是管理中最重要的工作。公司領導者不能等到企業出現問題時，才考慮降低成本的方法。

降低成本要真正有效，不僅要制定有組織的綜合的和連續不斷的計畫，而且還要使成本降低成為最優先的工作。從企業的管理者、組織者到每一個員工，都要真正的瞭解和認識成本降低的重要性。

有一家在資金成本的運用中較為成功的企業，經過專家考察，確認該公司明確意識到降低成本和提高利潤之間的關係，意識到降低成本是最優先的工作。該公司生產五十種不同的產品，員工一百人，其中十五人為工程師。他們嚴格的遵循降低成本的原則，還創造一種新型的成本降低法。他們每年在預算中都有降低成本四%的計畫，而且每年都能完成這個任務。

這家公司降低成本的具體做法是：每個人都清楚自己的工作職責。同時，他必須提交經過研究的、認可的和實施成本降低建議書。每個員工都要安排到成本降低小組中。每個員工薪資提高都要與成本降低直接結合，所有成本降低的建議都要採用書面的形式。

這些活動與措施在企業實施多年，效果極為明顯。

有官守者，不得其職則去；有言責者，不得其言則去。我無官守，我無言責也，則吾進退，豈不綽綽然有餘裕哉？

【語譯】

有官位的人，如果無法盡職盡責就應該辭官不做；有進言責任的人，如果言不聽，就應該辭職不做。至於我，既無官也無言的職責，我的進退去留，豈不是非常寬鬆而有自由迴旋的餘地。

【原文釋評】

孟子的這段話與孔子的「不在其位，不謀其政」道理相同。

孟子是針對政治社會管理而言，這對於現代企業管理而言，也是非常重要的一條守則。「不在其位，不謀其政」可以便於部門主管及時的發現責任的不完善、職權的不健全，進而及早解決。

責任重疊現象在現代企業管理中是一個行政組織系統發展過程中在所難免的事，而責任重疊的弊端往往被掩蓋，造成組織層級中的相關人員欺上瞞下。

「責任重疊」和「責任空白」都是設計一個組織系統要特別注意防止的，尤其是「責任重疊」。責任重疊引發組織的許多重大弊病，甚至會危及組織生存。

責任重疊主要是因為領導者的心理因素。有些領導者害怕自己的權力被削弱，什麼事都想插手，過於膨脹的權力欲使這些人更多的強調責任範圍。

實際上，在政府機關、事業單位和國有企業之中，「責任重疊」遠不是兩個人或兩個部門之間的事，而是許多人、許多職位、許多部門重疊的現象。

「責任重疊」不解決，會導致惡性循環。「責任重疊」最後往往成為互相推諉，無人負責。在一位主管發現這個責任範圍「無人負責」之後，會認為這是一塊「責任空白」區域，於是他就再設置一個新的機構來管理這個區域，這樣就更加重疊。一般說來，新設部門和原有的兩個部門還會引發更多的新責任重疊區域。因此，組織運行由於「責任重疊」而進入惡性循環狀態。

研究行政管理的學者帕金森發現「帕金森定律」。這個定律指出，行政組織運行到一定時期之後，就必須進行一次大的改革，採取革命性的變革，效率就會提高。

第八章：現代企業創新管理

孟子曰：「彼一時，此一時也。」事情是發展變化的，在不同的環境，不同的條件下，考慮問題的方法也不盡相同。「可以久則久，可以速則速」。如果死守經驗，死搬教條，很快就會被社會淘汰，所謂「盡信書，則不如無書。」一切要能通權達變，有變化才有發展。只有不斷創新，勇於變革，才能不斷的適應市場，贏得競爭的勝利。

嫂溺不援，是豺狼也。
男女授受不親，禮也。
嫂溺，援之以手者，權也。

【語譯】

嫂嫂掉進水裡而不去救她，簡直就是豺狼。
男女之間不親手傳遞接東西，這是禮的規矩。
嫂嫂掉進水裡，小叔用手去拉她，這是通權達變。

【原文釋評】

孟子的學生淳于髡問孟子男女授受不親是不是禮？接著又問嫂嫂掉進水裡，你去救，按照男女授受不親的理論，不就違反禮嗎？孟子當即對此進行反駁，孟子在這裡表達出通權達變的思想。在管理中，通權達變的思想更為重要。社會發展日新月異，任何事情都不可能一成不變。達變，就是要變，要棄舊圖新，才能有新的出路。

【經典案例】

瑞士鐘錶在世界上享譽盛名，其鐘錶的準確度和品質，任何國家製造的鐘錶都無以媲美，然而它有危機嗎？有！

二十世紀七〇年代中期至八〇年代初期，日本、美國等國家和香港地區鐘錶業迅速崛起，在競爭對手的攻勢下，「鐘錶王國」的王冠只是徒有虛名——一九八二年年度的世界市場佔有率猛跌到九%；手錶年產量下降到五千三百多萬只；出口量從十世紀八〇年代中後期的八千萬只以上跌落到三千一百萬只；銷售總額退居日本、香港之後而屈居第三位。市場競爭失勢，業界苦不堪言。兩家最大的鐘錶集團ASUAG、SSIH，一九八二年和一九八三年累計虧損五・四億瑞士法郎；全國三分之一的鐘錶工廠倒閉，數以千計的小鐘錶公司宣告停業，一半以上的鐘錶工人痛苦的加入失業隊伍……

瑞士鐘錶遭遇「停擺」，擺在世人面前的瑞士鐘錶徒有虛名。

為了挽救市場佔有率，瑞士七家銀行聯手投資十億瑞士法郎，買下國內兩家最大的鐘錶集團ASUAG、SSIH的九十八%的股票，然後將這兩大集團結合，於一九八三年五月組建為新公司。

湯姆克一九四〇年出生於瑞士。也許是「鐘錶王國」對他的薰陶，一九七八年，他出任埃塔鐘錶零件公司的總經理。

湯姆克在擔任埃塔鐘錶零件公司總經理前後，就奔走向國人示警：瑞士鐘錶業如不大力發展電子技術，將會喪失「鐘錶王國」的地位。他還帶領公司進行技術創新，在全國鐘錶業一片危機之中保持興旺發展的走勢。

所有國人都看著他如何出手。

棄舊圖新——摒棄對電子錶不屑一顧的封閉觀念，虛心學習對手的優點，追趕、進而領導石英錶與電子錶的新技術潮流。

許多人不敢苟同，也不願意苟同。是啊，堂堂的機械表製造的龍頭老大竟然向石英錶屈服，沒有面子。然而，擺在眼前的是生存問題，不僅是面子問題。

湯姆克沉重的說：「瑞士鐘錶業衰落的一條重要原因，不是別的，是對自己創造無比輝煌的機械錶特別珍愛，不容許加以否定；而對自己首創的電子錶新技術視若兒戲，遲遲不願意推上生產線，日本和香港地區的鐘錶廠商則敏銳的認識到電子錶和石英錶的未來前景，搶先一步，走在我們前面，我們是被自己打敗的。」

湯姆克同時讓員工認識到電子錶的優勢：靈巧、方便；價值僅幾十美元的石英電子錶月誤差不超過十五秒，而「機械錶之王」的勞力士的月誤差一般在一百秒左右，兩者相比，石英錶佔有絕對優勢。因此，在未來的幾十年時間內，市場上手錶需求量最大的將是準確而價廉物美的石英錶，以及形同玩具的電子錶。湯姆克大聲疾呼：「昨日的輝煌不能帶來今天的出路。」

湯姆克就是湯姆克，在他帶領之下，很快推出一批新式石英錶，其中最具競爭力的就是「SWATCH」。這種圓形長針日曆錶，錶身精美輕巧，並有許多不同的顏色，帶有草莓、香蕉等多種不同香味。由於採用最新的製造技術，零件比普通手錶減少一半，且具有抗震性能強、防水性能好，並能經得起三十公尺深的水壓等優點。在生產過程中，採用最先進的設備，如機器人操作等，因而性能穩定性很高，生產成本卻相當低，而且售價僅三十美元。該錶問世後，銷量扶搖直上。

湯姆克看準時機，反守為攻，他已經不滿足「SWATCH」暢銷歐洲、南美、非洲、東南亞等地市場，他要「師夷制夷」，進佔日本和美國。經過精心策劃和廣告促銷，薄型「SWATCH」首批出口美國四百萬只，一下子就被搶購一空；接著又進軍日本，在當地開設日本瑞士鐘錶公司，一九八六年以每只七千日元的價格暢銷於日本市場。

瑞士人又一次看到瑞士錶在世界強勁的走勢，心花怒放。在視機械錶為驕傲的氣氛中，成功的推出反傳統的電子錶，湯姆克在產品結構的調整上邁出可喜的第一步。

他能滿足嗎？他能滿足就無法成為精彩故事裡的湯姆克。

過去，瑞士的「勞力士」、「歐米茄」、「浪琴」、「天梭」、「雷達」等名錶，高級的每只售價達上萬美元，但產量極少。如歐米茄和天梭表，款式分別多達一千種左右，其中許多款式生產數量極少，有的甚至每年僅生產幾只。不僅不利於提高生產效率、降低生產成本，不利於穩定品質，也給工廠的管理帶來許多麻煩。

湯姆克對歐米茄、天梭等錶的產品組合進行全面整頓：棄「多款式、少數量」戰略，堅決淘汰一批利潤不高的品種；擴大生產的數量，進而大大的降低生產成本，使手錶品質因為標準化的提高而得以穩定；大力發展石英電子錶，使得歐米茄電子錶佔到整個歐米茄錶產量的五〇%以上，天梭電子錶佔到整個天梭錶產量的六〇%以上，均實現以電子錶為主的經營戰略——大批量、標準化，這就是他的圖新。

湯姆克的「棄舊圖新，領導潮流」，終於使得瑞士鐘錶業再度輝煌：二十世紀八〇年代中期的世界市場佔有率又恢復到四〇%，成功的超過日本、香港鐘錶而奪回失落的「鐘錶王國」的王冠，再度稱霸世界鐘錶業界。

這就是湯姆克的成功。

湯姆克的冷靜與果敢，勇於摒棄對電子錶不屑一顧的封閉觀念，學習競爭對手的優點，追趕、進而引領石英錶與電子錶的新技術潮流，在取得絕對優勢之後，轉身進攻石英錶和電子錶暢銷的日本和美國市場，重振「鐘錶王國」的地位與尊嚴。

彼一時，此一時也

【語譯】

那時是一種情況，現在又是一種情況。

【原文釋評】

孟子認為人在不同的環境，不同的時間有不同的想法。人不能一成不變。創新管理也是一樣，新的思想、新的創意要隨市場脈搏一起跳動。

一個企業的領導者，有新思想很好，但更重要的是把新的思想運用到企業的行動中，讓自己的產品佔據新的市場，與市場的脈搏一起跳動。

高爾文做到這一點，所以摩托羅拉公司風靡全球。

【經典案例】

高爾文最大的成功就是能夠掌握資訊，利用關係，把自己的新思想立即付於實施，跟市場的脈搏一起跳動，所以當別家企業面臨危難的時刻，摩托羅拉公司卻發展迅速。

高爾文一次次面對前進途中遇到的暫時挫折和失敗，從來沒有失去信心。艱難的經歷對他來說是一個巨大的寶庫，裡面儲藏著他經歷的勝利、失敗和驚險。一九三七年和一九三八年期間的不景氣，使他致力於經營多樣化和製造新產品，並由此學會清醒的重新估價。在以後的歲月中，他用這種方法解決不少的難題。

一九三六年，戰爭的烏雲已經籠罩整個歐洲。高爾文在這年帶著妻子麗蓮和十三歲的兒子鮑勃去歐洲旅遊六週。他們興致勃勃的流覽奧地利、法國、英國和德國的許多名勝古跡和藝術珍品，全家人在極大的歡樂中度過一段美好的時光。

但是，瀰漫在德國人心中近似瘋狂的好戰情緒，引起高爾文極大的注意。高爾文預料：除非出現奇蹟，戰爭已是不可避免的，這使他感到公司必須從事在戰爭時對國家有用的生產活動。在經歷一九三七年至一九三八年間蕭條時期之後，高爾文更堅定自己的這種想法，於是，他開始讓他的工程師進行軍事無線電研究。

時機終於來了，一九四〇年年初的一天，《芝加哥每日新聞》一位編輯打電話告訴高爾文：在威斯康辛州麥科伊營地進行軍事演習的國民警衛隊由於缺少無線電通訊聯絡而行動受阻。

根據這個資訊，高爾文立即派遣他的總工程師米歇爾和約德前往麥科伊營地實地考察。

在軍事演習現場，米歇爾看到士兵們背著笨重的無線電設備作為通訊工具，用這種落後的東西去打仗，其結果可想而知。

米歇爾當即向一位陸軍通訊部隊的上校表示：「用這種設備，根本無法打仗。我認為我們有能力向你們提供一種輕型並便於攜帶的無線電設備。」

米歇爾回到公司詳細向高爾文匯報情況。在沒有來自軍隊任何具體契約的情況下，高爾文當機立斷，命令米歇爾等工程師全力以赴研製適應軍隊打仗的無線電通訊設備。

在米歇爾出色的領導之下，工程師們以熱情的合作精神，成功的解決一個又一個難題，終於生產出一台話機。這台話機由一個話筒、天線和內裝電池構成，重量約五磅，最少能保證一英里內的通話品質，如果天氣狀況良好，還可以到達三英里的範圍。

這就是最早的手持無線電話機。

當高爾文興致勃勃的向軍隊展示這種話機時，卻只有很少的軍官們對此抱有熱情，許多高級軍事指揮員對這種小東西能否在實際戰鬥中發揮效能持有懷疑。因此，他們只簽定向部隊發送少量無線電話機的契約。

這使許多參加研製開發的人不免有些垂頭喪氣，但是高爾文卻堅定的相信，有朝一日，無線電話機肯定會在戰爭中備受青睞，他要求米歇爾和工程師們要繼續改進該產品的功能。

不出高爾文所料，這種手持無線電話機很快便大放異彩。羅斯福總統就職時看到情報人員為了安全目的用這種東西與員警聯繫，不由得大感興趣，並給當時組織傘兵的軍官寫了一封推薦信，軍隊也很快發現這種小玩意在實際作戰中的作用，並和高爾文簽定合約。

珍珠港被炸前的六個月，高爾文工廠投入生產。有一次，他們收到一個訂單，要求兩天內向轉運站發送一百台話機，以適應「特殊的、最緊急的需要」。高爾文按時將貨送了過去。幾個月後，他們才知道，訂購這批貨物的是著名的「卡爾遜突擊隊」。突擊隊的將士有了這些無線電話機之後，如虎添翼，在戰場上取得一個又一個的勝利。由於高爾文在戰爭期間為軍隊做出傑出貢獻，美國陸軍部和海軍部先後五次授予高爾文三等獎章。

摩托羅拉在戰場上所取得的輝煌成就更加觸發高爾文的靈感。他想，如果能夠解決原有的設計及合作上存在的問題，員警部門也可以大量使用無線電話機。他立即著手做這些事情，並對人們說：「這是一種需要，我看到一個還沒有人佔有的市場。」

有一次，高爾文在一本雜誌上偶然讀到康乃迪克大學諾布林教授幫助警察局開發FM汽車通訊系統，他立即千方百計與諾布林教授取得聯繫，並說服教授與自己簽定一個協定：暫時離開大學到摩托羅拉工作一年。

對此舉動，公司內部出現一些反對意見。因為摩托羅拉原來的工程師大多沒有受過高等教育，但是卻有出色的實際工作能力，他們使用的工具也無非是簡陋的螺絲起子和電烙鐵。他們把諾布林這樣一個從不考慮價格和利潤，只是埋頭純學術研究的學者看作是入侵者。他們紛紛勸告高爾文：「不能相信這樣的書呆子。」

但是，高爾文卻是毫不動搖的信任諾布林。美國參戰之後，諾布林有一次訪問華盛頓，一位上校對他說：「美國陸軍通訊部隊有一個開發新型AM可攜式無線電話收發機的合約。」諾布林坦率的告訴他：「這是一個嚴重的錯誤，應該開發的是FM可攜式無線電話收發機。」正是由於這次談話，促使陸軍通訊部簽定委託摩托羅拉研製FM可攜式無線電話收發機的合約。

當諾布林從華盛頓歸來後，摩托羅拉快馬加鞭，很快便研製出FM可攜式無線電話收發機。在整個戰爭期間，這些話機被廣泛應用於太平洋戰場和歐洲戰場，甚至讓人們普遍感覺到這種話機是戰鬥時唯一有用的通訊設備。

戰爭使摩托羅拉羽翼漸豐，高爾文在最嚴酷的時代抓住這個機會，他憑著心中那股一直燃燒的信念，運用準確的洞察力，腳踏實地的揭開摩托羅拉發展的新篇章。

當歐洲戰場還是硝煙瀰漫，美國部隊也正忙於登陸戰的時候，高爾文已經遠見卓識的考慮戰後生產的問題。

一九四三年六月，高爾文在芝加哥舉辦的收音機廠商協會會議上指出：「我們必須開始考慮回到和平時期的經濟問題。」次年六月，他又和工業界領袖和戰時生產局的官員們一起著手制定一項計畫，即在大戰結束之後，戰時生產局的限制法令必須修改，允許工業重新進入民用生產，同時繼續軍事生產。

高爾文預見到，戰後軍事需求必將大大削減，這會導致許多靠戰爭起家的企業倒閉。因此，他要求工程技術部門加快民用新產品的設計工作，他開始準備新的經營管理計畫，除了繼續從事收音機的生產之外，增加電唱機的生產，並將公司原本在雙向無線電通訊器材生產中的領導地位盡力轉變為穩定而日趨增長的買賣。他認為，收音機行業前途光明，好運終將屬於我們。

戰爭一結束，摩托羅拉便接到終止戰時合約的通知。面對類似的情況，許多公司開始拼命緊縮，採取關閉工廠削減薪資的辦法。但是高爾文卻反其道而行，表示絕不降低任何種類的薪資和獎金。他認為，只要經營得當，員工們齊心協力，戰時的薪資在未來的民用生產中照樣能支付。

事實證明高爾文是正確的。

一九四六年，在摩托羅拉由軍用向民用經濟轉換的特殊年代裡，上半年雖然虧損約六十萬美元，然而到年底時，虧損不僅沒有增加，還奇蹟般的獲得六十萬美元的盈利。在別的公司都蒙受巨大的損失的情況下，這個不尋常的利潤使眾多人士不得不對高爾文非凡駕馭企業的能力嘆服。

從戰火中昂然走出的摩托羅拉，羽翼更加豐滿。高爾文在增加電唱機生產的同時，決定向新興的工業領域——電視機行業進軍。

高爾文認為，戰後電視機行業的發展前景將是十分誘人。他說：「當我們的確從事戰後的電視機行業時，那將開始成為大企業。我們將有另一種工業，這種工業將和收音機工業一樣大，或是比它更大。」

要開發出高品質的電視機產品，就必須有可以依賴的技術人員。高爾文廣招賢才，從麻省理工學院雷達試驗室聘請一批才華橫溢的工程師，還別出心裁的把他們分成兩個研製組，以激發技術人員的競爭意識。

高爾文組織的兩個開發小組不負眾望，一舉成功的研製出兩種不同型號的電視機。如此卓越的設計，成本又極其低廉，真讓高爾文欣喜不已。他胸有成竹的推行新型電視機的行銷策略，以令人震驚的低廉價格走向市場。這種薄利多銷的計畫使摩托羅拉電視機很快佔領市場。短短幾個月內，摩托羅拉便在生產電視機的廠商中躍居第四位。

在進軍電視機市場的同時，高爾文從來也沒有放棄汽車收音機的生產，這是摩托羅拉賴以起家的主力產品，正是因為有了汽車收音機，摩托羅拉才成為美國市場上響亮的名字。

隨著一九五〇年六月二十五日韓戰的爆發，摩托羅拉又投入軍事生產。公司的生產進入飛速發展時期，其銷售總額該年底達到一．七七億美元。此後，摩托羅拉繼續致力於開發新產品，並以彩色電視機再次征服市場。到一九五四年，摩托羅拉的銷售總額上升到二．〇五億美元。在電視機的生產數量上名列第四，汽車收音機的產量則數年獨佔鰲頭。

盡信書，則不如無書

【語譯】

完全相信書，還不如沒有書。

【原文釋評】

孟子指出要有懷疑的精神，對於威權要敢於質疑。在管理當中也同樣適用，不能滿足於現狀，要以創新的精神伺機而動。任何一個企業想要在激烈的競爭中長盛不衰，就必須創新，積極求變，用最新的產品和優質的服務征服市場，贏得顧客，求變就是其中的精髓。

【經典案例】

一九〇八年春天，第一輛T型汽車在「福特汽車公司」誕生，這象徵著福特汽車時代的到來！為此，「福特汽車公司」專門舉行隆重的T型車新聞發佈會。在會上，福特大聲說：「我可以保證，這種車全身上下找不出一絲華而不實的地方，這是專門為民眾所設計的一種人人都買得起的大眾車。」

「福特先生，這種車的售價是多少？」一名記者問。

「每輛車的價格不超過八百五十美元。」福特的回答引起會場上一陣騷動，因為此時美國市場上一般汽車的價格，最低也得在一千三百美元以上。八百五十美元的價格低得實在讓人難以置信，況且T型車還採用許多當時在美國汽車業屬於獨創的技術。

「福特汽車公司」為了配合T型車上市，展示公司有史以來最強大的廣告攻勢──郵寄廣告、報刊廣告、看板廣告、電話推銷……一九〇九年，公司以T型車參加從紐約至西雅圖的橫跨美洲大陸的汽車大賽，給了T型車大顯身手的良機。此次比賽路途遙遠，道路複雜，途經各種不利的地形。T型車經過艱苦奮鬥，歷經二十天零五十二分鐘，第一個到達終點，以無可置疑的事實證明T型車雖然結構簡單、價格低廉，但仍具有其他各類汽車不可比擬的優良性能，這個結果在人們心中引起強烈迴響。

記者們紛紛對T型車給予美好的評價：

「這種車的每一個零件都是為了適應延伸到美國各地的山路和土路而精心設計，它可以像踩高蹺一樣，通過亂石遍佈和泥濘不堪的路面。」

「T型車具有騾子的性格、獵犬的勇猛和駱駝的耐性，即使在惡劣的環境中，它也英勇無畏。」

廣大消費者都被這種性能優越、價格低廉、易於維護、用途廣泛的汽車迷住了，訂單如雪片般的飛向「福特汽車公司」。短短的一年時間裡，一萬輛T型車被搶購一空，公司的營業額高達九百多萬美元，福特及「福特汽車公司」成功了。

正是由於巨大成功的喜悅，使福特有些沾沾自喜，並且盲目樂觀，進而犯下一個巨大的錯誤，這就是：忽視在T型車生產的幾十年中，市場需求已經發生很大的轉變。市場已經在變，但是自己的產品還沒有變，這種跟不上潮流的做法註定要遭遇失敗，要受到市場嚴厲的懲罰。

進入二十世紀二〇年代中期，整個市場形勢發生巨大的變化，這種變化使得「福特汽車公司」生產的T型車市場需求大幅下降，「福特汽車公司」的王者地位受到來自其他汽車公司的猛烈衝擊。

當時，正值美國汽車工業全面起飛的時期，各大公司紛紛推出色彩鮮豔的汽車，滿足消費者的不同需要，因而銷售成績很好。唯有黑色的福特車保持不變，顯得嚴肅而呆板，銷路自然大受影響。

但是，無論對各地要求福特供應其他顏色汽車的代理商，還是對公司內的建議者，福特總是堅持的回答：「福特車只有黑色的，我看不出黑色有什麼不好，至少比其他顏色好一些。」

生產逐漸艱難，福特開始裁員，部分設備停工，將夜班調成白班以節省電燈費，公司內外人心浮動，連福特夫人也沉不住氣。

福特卻笑著說：「這是我的策略，先不告訴你，等想妥了再說。」他夫人擔心公司內部意見不斷，會不會人心思變。

福特瞭解夫人的擔憂，信心十足的說：「我們公司的待遇高於任何企業，他們不會產生異心，同時他們知道我是絕不服輸的人，相信我不跟別人生產淺色車，一定另有計畫。」

有人建議說，至少我們應該有新車在市面上銷售，不至於讓人說我們快倒閉了。福特詭譎的一笑：「讓他們去說吧，謠言愈多對我們愈有利！」人們感到很奇怪，問公司是不是正在設計新車，是不是跟別人一樣，會有各種顏色的車子。

福特回答說：「不是正在設計，是已經定型！也不是跟別人一樣，而是我們自己的，而且我們的新車比別人的都便宜！」這是福特一生中最得意「傑作」之一——購買廢船拆卸後煉鋼，進而大大降低鋼鐵的成本，為即將推出的A型汽車，奠定勝利的基礎。

一九二七年五月，福特突然宣佈生產T型車的工廠全部停工，這是公司成立二十四年來，第一次停止新車出廠，市面上所賣的都是存貨。

消息一出，舉世震驚，除了幾個主管以外，誰也不明白福特打的是什麼算盤。讓人奇怪的是，工人停工之後，並沒有被解雇，每天仍然上下班。

一九二七年十月二十一日，福特公司的新一代汽車終於誕生。福特將其命名為A型車，這意味著福特公司的又一次新生。

新一代的A型車不愧為當時美國汽車產業的得意之作。它配有手動變速的排擋、當時最先進的液壓緩衝器、安穩舒適的絕緣橡膠坐墊、四輪傳動系統、自動啟動裝置、自動雨刷、燃油表、計速器……為了滿足不同消費者的要求，A型車設計十七種車體式樣和四種顏色，以便消費者根據自己的愛好而任意選擇。

未經正式宣佈，「福特汽車公司」研製成功新一代A型車的消息就傳遍整個底特律。為了充分利用民眾的好奇心，創造更好的宣傳效果，「福特汽車公司」對新車採取嚴格的保密措施，要求各地的經銷商一定要確保在正式展出之前，不讓民眾得知這種車的一點兒情況，哪怕是油漆的顏色。

一九二七年十一月底，福特公司花費鉅資在全國各地大報刊登三天廣告，對A型車進行廣泛宣傳。這個情況引起新聞界的極大興趣，報上經常刊登有關福特的新聞，這更助長人們的好奇心。

兩個月後，福特終於透露，新的A型汽車將於十二月上市，這比宣佈工廠停工引起的震撼更大。年底，色彩華麗、典雅輕便而價格低廉的福特A型車終於在人們長期的等待中上市，果然盛況空前，呈現福特公司第二次起飛的輝煌局面。

福特公司由於T型車的開發，早已確定它在美國汽車工業中的地位。這次面對各公司以色彩、外型為武器發起的挑戰，福特並沒有直接應戰，而是養精蓄銳，揚長避短，抓住品質、價格這兩個關鍵做充分的準備，一旦成熟，就使對手們由強變弱，由優變劣。

A型車又像當年的T型車一樣，取得成功。

一九二八年，公司出售六十三萬輛A型車，一九二九年達到一百二十五萬輛，佔當年美國汽車銷售總量的三十四%。

「福特汽車公司」又恢復活力。

大人者，言不必信，行不必果，唯義所在

【語譯】

通達的人說話不一定句句守信，做事不一定非有結果，只要合乎道義就可以。

【原文釋評】

孟子本來非常強調個人的修養，認為君子一定要言必信、行必果。但是在這裡卻又提出言不必信，行不必果的命題，可能會讓人懷疑。其實孟子指出的是大信與小信的問題，人在不同環境下，要能審視不同的條件，只要符合道義的就是可取的，孟子這裡向人們指出一個變化的思想，只要符合道義，一切都可以變。在管理中也是同樣，只要符合企業利益，一切都可以變。在如今高速發展的社會，不變就意味著被淘汰，意味著失敗。

【經典案例】

一九四六年，日本卡西歐公司成立，當時公司只是一個僅有一台機床的小工廠。而現在，它已是擁有

資金近千億日元，營業額達一千八百億日元的世界著名的大企業。卡西歐公司成功的秘訣在於對產品的不斷創新。

卡西歐公司剛成立不久，就拿出自己的主力產品。近五十年來，卡西歐公司堅持在一定時期推出一些主力商品。幾年後，人為的促使它淘汰陳舊，同時又生產一些新產品來取代，並且明確提出目標：下一個產品的功能要比現在的提高二〇%，價格則要便宜二〇%。二十世紀七〇年代中期，卡西歐公司致力於開發以學生、小職員、家庭主婦為主要消費對象的小型廉價品。二十世紀七〇年代末，卡西歐公司又推出「迷你式」計算機，進入二十世紀八〇年代，卡西歐仍然不斷的向市場推出新產品，如像信用卡大小的太陽能計算機、電子手冊的資料庫電腦等。

卡西歐公司在開發新產品時，十分注重產品的多功能複合化，讓用戶使用更方便。他們在二十世紀六〇年代生產具有計算數字、計時、讀秒、鬧鐘等四種功能的複合式計算機；在二十世紀七〇年代，又成功開發多功能電腦；進入二十世紀八〇年代，品種更是五花八門，有超薄型電腦、可儲存資料的電子錶、可以伴唱的電子樂器、附有自動列印裝置的計算機、高靈敏的太陽能計算機……這些不斷問世的新產品，使卡西歐公司連續獲得前進的動力和發展的活力。公司的發展目標也由「計算機的綜合製造」發展到「情報機器的綜合製造」，再發展到「電子機器的綜合製造」。

為了保證新產品的開發工作，卡西歐公司設立研究開發總部。該部門擁有八百多名科技人員，佔員工總數的二十五%，專門從事新產品的研製和技術的開發工作，研究經費佔銷售總額的四%左右。研究開發總部分成許多個小組，各小組密切注視市場的動態，設計適合各種需求的新產品，並及時的投入生產、進入市場。

此外，卡西歐公司還建立「卡西歐振興科學財團」，專門資助有優異成就的研究人員。

從卡西歐公司的成功經驗告訴我們：想要保持長盛不衰，就必須隨時進行自我更新，用科學技術改造原來的產品，以適應不斷變化的市場需求。否則，因循守舊、驕傲自滿、故步自封，無論企業過去的歷史多麼輝煌，最終也會被時代發展的浪潮吞沒。

美國的勝家公司曾經是一個國際性的大企業。它生產的「勝家」縫紉機曾經在全球暢銷。一九四〇年，世界每三台縫紉機中就有二台是這家公司生產的。可是，到了一九八六年，勝家公司不得不放棄縫紉機的生產。

「勝家」為什麼退出縫紉機生產領域呢？原來，勝家公司沒有能夠投入人力、財力開發新產品。一直到一九八五年，勝家公司生產的仍舊是十九世紀設計的縫紉機；其他的縫紉機生產廠商卻研製出新產品，如日本研製的縫紉機在操作失誤時會發出聲音提醒改正；英國則推出「音樂縫紉機」；瑞典生產「電腦縫紉機」。世界市場發生如此巨大的技術更新浪潮，但勝家公司卻永遠保持原來的生產技術水準，不求技術創新，被淘汰當然是情理之中的事，不足為怪。

取之而燕民悅，則取之。古之人有行之者，武王是也。取之而燕民不悅，則勿取。古之人有行之者，文王是也。以萬乘之國伐萬乘之國，簞食壺漿以迎王師，豈有它哉？避水火也。如水益深，如火益熱，亦運而已矣。

【語譯】

佔領它而使燕國的人民高興，就佔領它。古人有這樣做的，周武王就是。佔領它而使燕國的人民不高興，就不要佔領它。古人也有這樣做的，周文王就是。以齊國這樣的一個擁有萬輛兵車的大國去攻打燕國這個同樣擁有萬輛兵車的大國，人民卻用飯筐裝著飯，用酒壺裝著酒來歡迎大王您的軍隊，難道有別的原因嗎？不過想擺脫水深火熱的日子罷了。如果您讓他們的水更深，火更熱，他們也會尋求其他的出路。

【原文釋評】

這裡是齊宣王問孟子要不要攻打燕國。孟子在這裡的態度非常謹慎，給齊宣王兩種選擇。但是我們仔細體會就會發現，其實孟子還是支持齊宣王攻打燕國，但是孟子卻是說得比較含糊。這樣問題就來了，一貫反對霸道，反對戰爭的孟子怎麼會支持齊宣王攻打燕國呢？

原來，孟子與孔子一樣，並不是死搬教條，抱殘守缺的書呆子，而是具有非常靈活的變通思想。只要符合道義，就可以攻佔。

其實，孟子的變通思想之前早有闡述，作為一個領導者，需要的就是靈活變通。有變通，有創新，才能在激烈的市場競爭中立於不敗之地。

【經典案例】

有一天，一個小孩站在河邊發呆。一位頭髮斑白的老人走上前，和藹的問：「小朋友，你一個人站在這兒做什麼？」

小孩回答：「老爺爺，我要過河，怕弄濕了鞋，只有等河水流乾了，我才能過河！」

老人聽了，哈哈大笑，對他說：「傻孩子，河水永遠也不會乾涸，如果像你這樣等，就是等到老，你也過不了這條河啊！」

成功要靠自己奮鬥爭取，等是等不來的。

企業要發展，也要靠自己爭取；市場也是等不來的，要靠自己爭取，決勝於市場競爭的法寶就是勇於創新，創新是企業不斷適應市場，尋求立身之地的制勝絕招，不斷創新也是企業生命延續的法則，現代企業要以技術和創新提高產品的競爭力、增強企業的生命力，才能不斷的走向成功。

艾柯卡在福特公司做副總裁時，負責過「林肯」高級轎車的生產銷售工作。當時「林肯」轎車車型老舊，缺乏流行氣息，整個銷售部門也缺乏生氣，形勢非常不妙。艾柯卡認為要扭轉乾坤，必須在產品上下功夫，於是他領導下屬為「林肯」高級轎車研製新的合乎時代流行的新型車，即豪華型轎車侯爵和豪華型跑車美洲豹，進而適合市場需求，銷售非常成功。

然而，好景不長，由於樹大招風，再加上亨利・福特二世這位老闆的獨裁作風使艾柯卡不得不離開福特公司。一九七八年十一月，艾柯卡入主克萊斯勒公司，當時克萊斯勒公司損失嚴重，極其需要艾柯卡妙手回春。

艾柯卡入主克萊斯勒公司之後，開始實施他的領導大計，他根據市場要求的分析，首先恢復克萊斯勒生產的道奇卡車的品牌標誌，即一隻大公羊。還根據顧客要求卡車結實、可靠、耐用的特點而在廣告上宣傳「道奇卡車和公羊一樣壯實」的廣告語。這樣一來，克萊斯勒的卡車形象和美國民眾心中的福特和雪佛蘭一樣有名氣，不少想買卡車的人，開始選擇道奇卡車。

艾柯卡還首次推出「退款保證」的銷售方法，他說：「請把我們的汽車開回家。如果在三十天內，你不喜歡這輛車，可以開回來退還車款。」這種銷售方法引起巨大的轟動，道奇卡車銷量大增。

二十世紀八〇年代初期，美國民眾對小型車情有獨鐘，艾柯卡決定也生產小型車。經過努力，他們研製出一種成功的小型車，命名為K型車。艾柯卡抓住機會大肆宣傳K型車的種種優點，並在廣告中宣稱「K型車出世了」以吸引大眾的注意。後來，他又決定與一家大型經銷商策劃進行一場特殊的行銷活動，稱之為「K型車，來到K市場」，使K型車更加出名。在一九八一年中，K型車佔據了小型車市場的二〇%佔有率，此後銷路也一直不錯。這一仗，艾柯卡在其他公司不加注意的方面，迅速推出新產品，在市場上搶得一席之地。

一九八四年，艾柯卡又領導克萊斯勒推出符合市場需求的小型麵包車。小型麵包車比傳統的旅行車稍大，又比正常麵包車稍小，這是艾柯卡推出的一個新車型，可以坐得下七個人，比較適合家庭使用。這款新車被《幸福》雜誌評為年度十大最新產品，獲得消費者的熱烈歡迎。這一年，克萊斯勒公司的汽車產量比去年同期增長五十三・六%，銷售額高達四十九億美元，盈利七・〇五億美元。

至此，艾柯卡重新挽救克萊斯勒公司，他被美國民眾視為國家的英雄，甚至有人鼓勵他競選總統，以挽救美國。

教亦多術矣，予不屑之教誨也者，是亦教誨之而已矣

【語譯】

教育也有多種方法，我不屑於教誨於他，本身就是對他的教誨。

【原文釋評】

教育有許多的方法，這是不言而喻的，孟子在這裡談到的是另一種教育方法——不屑之教，是亦教之。

在企業管理中也是同樣，創新有很多方法，所謂「條條道路通羅馬」，但是要記住一條：變，才是企業唯一不變的主題。

現代企業管理中，企業變化也是無止境的，想坐守舊境使企業發達，那是不可能的，特別是面對危機，更要變化多端。企業的變化要重視以下幾點：

一定要對比。對比可以在同行中對比，產品對比、企業對比，可以在對比中借鑒別人的生存方法。對比是無情的，只要站在同一線上，高下立即分出。

絕對不能盲目樂觀，以為隨便變化就能解決問題，一種不負責任的應付會毀了一個企業。

變化要有犧牲精神。

韓國三星集團會長李健熙就是靠善變的精神，把企業帶到一個更高的高度。

【經典案例】

一九八七年，李健熙出任三星集團會長。

一九九三年對於三星公司來說，是改革之年。李健熙提出一連串的改革方案，被人稱為「三星新經營」。

李健熙在就職宣言中提出「一定要成為世界超一流的企業」的目標，在平穩的度過五年，完成新舊交替之後，他開始為自己的諾言付諸行動。

一九九三年二月十八日，三星集團電子部門的副總經理以上主管得到通知：立即到李健熙會長辦公室開會。會議名為「電子部門出口商品現場比較與評價會議」。會上，一向沉默寡言的李健熙一反常態，侃侃而談：「諸位，我們的商品現在處境不是很樂觀。」他的聲音有些顫抖，底下的人有點不敢與他的目光對視。

「在美國，一支高爾夫球桿賣到一百五十～二百五十美元，是我們三星十三吋彩色電視的價格！要知道，我們的彩色電視是由一千多個零件組成的。一支好的高爾夫球桿在這裡賣五百美元，我們二十七吋的彩色電視才賣四百美元。即使如此，我們的產品在這裡仍然沒有市場。請問，這樣的產品還能貼上

『SAMSUNG』的商標擺在櫃檯嗎？」

會議開了八個小時。會後，又用了一天的時間，在現場就世界七十八種產品與三星電子產品逐一進行比較和分析，進而使三星人切實的認識其電子產品在世界上所處的位置。

六月七日，李健熙又發表一個獨特的主張，他明確的要求管理階層和員工：除了老婆和孩子不能改變以外，其他一切都要變。

三星公司開始進行大刀闊斧的改革。

公司裡任人唯賢，每年都有近百名高學歷的年輕人被提拔為高級主管。鼓勵創新，尊重員工個性，有才能的員工可以快樂的工作。最值得一提的是，李健熙大力將公司建構成網路化、扁平式企業，實現內部管理的科學化。在三星公司，決策和實施過程公開、透明，各種資訊由下而上，用網路廣泛傳遞，管理階層和被管理階層積極參與，最基層員工都可以用電子郵件向總裁提出建議。

當亞洲金融危機來襲之時，人們知道三星公司的未雨綢繆是多麼的明智。

金融危機來臨時，三星公司一開始也陷入混亂之中，但是企業和員工適應能力顯然強於韓國其他企業。在裁員問題上，三星公司幾乎沒有碰到任何阻力，很多員工平靜的接受被裁減的事實。一九九七至一九九九年的兩年時間裡，三星公司二百三十一個企業進行產權調整，多達一・五萬名員工變更隸屬關係，員工總數減少三十二%，從一九九七年的十六・七萬人減少到一九九九年十一・三萬人。

李健熙非常感謝離開的那些員工曾經對三星公司的付出。他告誡留下來的人，只有加倍努力，才能無愧於在三星公司危機的時刻「支持」企業的人。

三星公司在裁員的問題上風平浪靜，讓李健熙更加應對有方，金融危機一發生，他指揮三星公司大量出售存貨，積極回收應收帳款，甚至不惜變賣十九億美元的資產，放棄無線呼叫器、洗碗機等十六個利潤過低的產品，此舉使三星公司現金收入大增，也使得債務降到正常的五〇%，資產結構明顯改善。

這個時候，李健熙更顯出企業家的風範。在危機中沒有迴避危機，而是在危機中對三星公司的產業結構進行大刀闊斧的調整，將原來的六十五個公司減少到四十個，著重發展四個核心領域中的三個：電子、金融和貿易，其他業務全部被清理。

一九九九年，三星公司毅然將汽車事業出售給雷諾公司，僅此一項就損失幾十億美元。這在韓國引起不小的轟動，三星公司這種壯士斷腕的舉動，充分顯示企業專注於核心產業發展的決心。

金融危機前，韓國大集團的排名位置：現代第一，三星第二，大宇第三，LG第四。現在，四大集團發生明顯變化，其中三星、大宇更是走上截然不同的兩條道路：三星公司扶搖直上，成為韓國金融復甦和經濟振興的典範，大宇企業卻是負債累累。

陳臻問曰：「前日於齊，王餽兼金一百而不受；於宋，餽七十鎰而受；於薛，餽五十鎰而受。前日之不受是，則今日之受非也；今日之受是，則前日之不受非也。夫子必居一於此矣。」

孟子曰：「皆是也。皆適於義也。當在宋也，予將有遠行，行者必以贐，辭曰：『餽贐。』予何為不受？當在薛也，予有戒心，辭曰：『聞戒。』故為兵餽之，予何為不受？」

【語譯】

陳臻問：「以前在齊國的時候，齊王送給您一百兩黃金，您不接受；到了宋國的時候，宋王送給您黃金七十兩，您卻接受了；在薛地的時候，薛君送給您黃金五十兩，您也接受了。如果以前的不接受是正確的，後來的接受便是錯誤的。如果後來的接受是正確的，前面的推辭就是錯誤的，老師您總有一次是錯誤的吧！」

孟子說：「其實，兩次都是正確的。當在宋國的時候，我準備遠行，對遠行的人理應送些盤纏。所以宋王說：『送些盤纏。』我怎麼能不接受呢？當在薛地的時候，我聽說路上有危險，需要戒備，薛君說：『聽說您需要戒備。』送我一些買兵器的錢，我怎麼能不接受呢？」

【原文釋評】

在這裡又一次見識孟子的辯才，當然在這裡所要討論不是孟子的高超辯論之術，而是從孟子的話反映的通權達變的思想。通權達變就是不死守經驗，緊跟著時代的步伐，創新制勝。

在當今競爭日益激烈、產品同質化傾向愈來愈明顯的情況下，不斷追求，不斷創新是企業獲得成功、求得長久生存的必走之路。

沒有創新與開拓，就意味著企業的敗亡和衰退，在飛速變化的時代浪潮中很容易被淘汰。日本索尼公司秉承日本人特有的創新、開拓意識，以此為根本，獲得巨大的成功。

【經典案例】

索尼公司的前身是「東京通信研究所」，是由井深大於一九四五年十月在日本橋白木屋的三樓開設的一個事務所。第二年五月，資金達到十五萬日元，建立東京通信工業，成為股份有限公司，共有員工八人。發展到今天，索尼公司已經擁有十一・三萬名員工，並且有一支工程師和科學家隊伍，營業額每月達二十億美元。

索尼公司在發展的過程中，曾經出現三次嚴重虧損，即一九六八年、一九七五年和一九七八年，失敗使公司的決策者更迭。當時成為最高權力決策者的盛田昭夫意識到，在競爭日益激烈的當今市場，企業如逆水行舟，不進則退。因此，必須不斷創新，才能贏得市場。據此，在他主持之下的索尼公司，新產品不斷湧現，業務不斷隨之興旺。

事實上，索尼公司創立不久，創始人井深大就意識到這個問題。在公司成立之初，公司的宗旨上赫然寫著：「公司絕對不抄襲仿造。」

一般日本企業經營的基本方法是大量生產、大批銷售，但索尼公司走得卻是另一條路。索尼公司首先投資開發研究，創造其他公司難以模仿的產品。即便是這種商品被其他公司模仿了，還有新的產品出現，依靠技術的進步，不斷開拓新的市場。

索尼公司在研究開發過程中，注重應用性與大眾性。索尼創始人井深大是一位高爾夫球和音樂愛好者，如何使運動與音樂結合呢？他與公司的研究人員商量，如何生產出一種出去散步時方便攜帶的設備，戴上耳機，就可以邊走邊聽音樂。後來終於研製、開發、生產出風靡一時的隨身聽。

在開發錄影帶時，井深大拿出一本袖珍書對公司的研究人員說：「請研究做成這樣大小並有拷貝功能的錄影帶。」於是，錄影機誕生了，並且很快風靡全球。

盛田昭夫成為最高領導者之後，把新產品的開發及創新放到至關重要的地位。到八〇年代末，索尼公司已有上萬種規格的電子產品銷售到世界一百八十多個國家和地區，並在七個國家開設三十多家企業。他每年撥出鉅款研究創新產品，每年研究費佔營業額的五%以上，例如：一九九一年的科研費用高達十五億美元。

在工作交往中，當他們發現西歐企業管理人員工作效率非常高，便考慮開發一種袖珍電子記事本、鍵盤小寫字母和電腦。兩年之後，一種Palm Top（掌上電腦）就問世了了。一九九〇年，他們開發一種掌上電腦，每件售價一千二百五十美元，銷售量非常大。一年之後，他們又推出掌上電腦第二代，它的體積更小，售價才五百美元。這種產品出來後更加暢銷，一下子就賣掉十萬件。目前，這種類似的產品已經在世界各地風靡，成為眾多商家追逐利潤的工具。

索尼公司最關心的就是開拓與創新，他們的口號是：「我夢想的，索尼已經做到。」在這樣的宗旨之下，該公司成為全球效率最高的發明者，平均每天推出四種新產品，每年有一千種新產品上市，其中八百種是由原產品改良的。

第九章：抓住機會，主動出擊

孟子在二千多年前提出「天時不如地利，地利不如人和」，成為教導我們「團結就是力量」的至理名言。然而，人們往往只注意「人和」，卻忽視「天時」也同樣重要。這裡的「天時」，指的就是機會。孟子指出「雖有智慧，不如乘勢，雖有鎡基，不如待時。」意指雖然有智慧，不如趁形勢，雖然有鋤頭，不如等農時。機會不管是對人的發展，還是企業的發展都是至關重要。在市場競爭激烈的今天，抓住機會就等於抓住成功。

雖有智慧，不如乘勢，雖有鎡基，不如待時

【語譯】

雖然有智慧，不如趁形勢，雖然有鋤頭，不如等農時。

【原文釋評】

孟子認為做事情要分析情況，抓準時機，機會來了一定要抓住，才能事半功倍。

在企業的經營管理中，企業的戰略管理很重要，如果機會在眼前的時候而輕易放棄，企業就錯過最好的發展機會，企業想要壯大就只是一句空話。

所以要擴大企業，以下幾點必須要注意：

- 該擴大規模時一定要擴大，絕不能停滯不前。
- 為了優化資本結構，必須進行兼併收購。
- 為了使公司的閒置資產得到有效的利用，實現資產的增值，必須活化閒置資產。
- 為了擴大生產，加快自我發展，必要時要與國際大公司合作。
- 在企業內部，必要時也要進行股份改造和資本重組，使企業形成規模經濟。

【經典案例】

山姆・沃爾頓發展他的零售大業的策略是「農村包圍城市」，這種滲透戰略除了有利於分銷和控制之外，還有其他各種好處。沃爾瑪在阿肯色州西部的市場飽和後，便轉向奧克拉荷馬州，然後再是密蘇里州。沃爾瑪一個地區一個地區的依次開發，穩紮穩打，這也是山姆・沃爾頓的一個特點。有時，山姆・沃爾頓也會跳躍式的開發，例如：當山姆・沃爾頓在路易斯安那州的拉斯頓開了第二十三家分店時，發現在本頓威爾與拉斯頓之間的南阿肯色尚無分店，於是便在南阿肯色設點。

山姆・沃爾頓發現這種擴張方式很有效，於是就一直堅持，從阿肯色州、田納西州，一路擴展到堪薩斯州和內布拉斯加州，一直擴張到任何山姆・沃爾頓想去的地方。

對於是不是擴展到大城市這個問題，山姆・沃爾頓的確經過縝密的考慮。山姆・沃爾頓並不打算真正往大城市裡發展，他的做法是在大城市周圍一定距離內先發展沃爾瑪分店，靜候城市向外發展。這個策略在實際使用中，被證明是十分正確的。

從一開始，山姆・沃爾頓就沒有對廣告花太多的財力，而滲透戰略卻幫助沃爾瑪節省一大筆廣告費用。這正如沃爾瑪公司開始時能想出許多主意一樣，沃爾瑪或多或少還在遵循著到小城鎮發展的戰略，雖然山姆・沃爾頓現在也會在一些大城市開店。

隨著事務的繁忙，山姆・沃爾頓買了一架飛機，穿梭於各分店之間，及時瞭解各分店的業務進展。這樣，隨著山姆・沃爾頓的分店愈開愈多，飛機變成勘察新分店開設地點的最好工具。從空中勘察地勢，山姆・沃爾頓大約比別的零售商早了十年，從中山姆・沃爾頓也找到許多理想、適合的地點。二十世紀七〇年代後，沃爾瑪已經成為一個真正的有效益的零售實體，並為日後的發展奠定紮實的基礎。在零售業上，沃爾瑪的競爭對手竟無法趕上，也無法制止沃爾瑪的快速發展。不論什麼時候，沃爾瑪在一個城鎮裡開設一家沃爾瑪商店，顧客們就會「喜新厭舊」，紛紛跑到他的商店買貨。

一九七〇年初，山姆·沃爾頓竭盡全力到美國各地促銷沃爾瑪即將上市的股票，其中包括洛杉磯、舊金山和芝加哥等地，向人們宣傳沃爾瑪公司的前途不可限量。一九七〇年十月一日，沃爾瑪公司的股票正式上市。山姆·沃爾頓在上市說明書上記載發行三十萬股，每股十五美元。雖然買股票的人並不是很多，但是市場反應良好。在八百名買者中，大多數是投資機構和公司的熟人。在那次公開發行中，買進股票的人，或是原先有合夥股份並在那次沃爾瑪股票上市時轉換為股票的人，由於他們幸運的選擇沃爾瑪，現在都已經成為百萬富翁。

在剛上市的時候，沃爾瑪公司的市值大約是一·三五億美元，現在的價值已經達到四千億美元。

由於沃爾瑪的低成本、低費用結構和低價格，山姆·沃爾頓終於在商業上站穩腳步。

如今，沃爾瑪已經成為全世界最大的零售商，仍然不斷的增長，每週有大約四千萬人在沃爾瑪公司購物。山姆·沃爾頓曾希望到二〇〇六年時，沃爾瑪的銷售額能達到二千億美元。沃爾瑪在一九九八年的銷售額已經達到近一千四百億美元，開創新的紀錄。但是，沃爾瑪的紀錄並非到此為止，沃爾瑪似乎總是在不斷的創造紀錄。一九九九年，沃爾瑪的銷售額竟高達一千六百六十億美元，公司在《財富》五百大中排名第四位。在一九九〇年到二〇〇〇年的十年間，沃爾瑪的成長率一直是兩位數。在二〇〇〇年度，《財富》五百大排行榜上除了通用電氣公司就是沃爾瑪。

博學而詳說之，將以反說約也

【語譯】

廣博的學習，詳盡的解說，目的在於融會貫通之後，返歸到簡約。

【原文釋評】

孟子這裡指出學習的問題，學習是由厚到薄，由薄到厚的過程。雖然談的是學習問題，但是也可以從中領悟一些道理。

對於許多創業者來說，總是抱怨市場都被一些大公司壟斷，根本沒有他們的立足之地，沒有機會與他們競爭，於是失去創業的信心。其實這種思想就是沒有開發自己的智慧，只要你能夠多進行市場調查，就能夠發現市場上始終有一些大公司忽視的空缺，抓住這種空缺就可以在大公司的夾縫中發展，走向成功。

【經典案例】

明尼唐克公司是位居在很多大公司之後的小型肥皂製造企業，由於是無名小輩，不敢與其他大公司發生正面競爭，因為那樣無異於以卵擊石。經過仔細思考，公司決定採取側面出擊、出其不意的策略，另闢新徑。

一九七九年，該公司推出一種空前絕後的液體肥皂，這種產品悄然上市後，立即引起消費者的強烈迴響，得到大批用戶的認可。這種「液體肥皂」的上市，很快衝擊當時名望高、規模大的棕欖、寶潔等知名公司，使他們大為震驚。因為「液體肥皂」的上市，搶走他們生產的塊狀肥皂的市場，明尼唐克公司用智慧贏得空前的成功。

可見，智慧運用得當，不管現狀怎樣，都會為自己開拓廣闊的生存空間。抓住市場的空缺為自己開拓生存的空間尤為重要。忽視它，就等於忽視自己的市場。如果明尼唐克公司不肯動腦筋，依然走別人走過的路，可能不會有自己的成功。

任何一位生存在這個世界上的人，都得具備開發智慧的意識，有勇於超越的魄力，只有這樣，才會營造屬於自己的生存空間。

隨著社會日新月異的發展，生存競爭也日趨激烈，只停留在先人留下的累積中緬懷過去，總有一天會坐吃山空，這一點卻很少被人們瞭解。

自己不動腦筋，看到別人在某一方面收益甚好，就如影隨形，跟著學，往往會導致失敗。

決策應該以思考為基礎，思考的過程就應該有智慧的協助。智慧是由什麼組成的呢？智慧要從知識的獲取、實踐經驗的累積著手，不間斷的跟上時代的腳步，這樣，思考後的決策才會有成功的可能。

此外，還要有超前的預知能力，獨創的東西才有發展的空間。怎樣使獨創的東西從成熟、成功到發展壯大呢？同樣，這需要智慧，每一個事業的醞釀成熟到實施成功，都需要有準確的判斷能力、分析能力和預測能力，還要有對突發意外事件的應變能力。綜合這些能力的唯一方法，就是要擁有智慧。也就是說，擁有智慧，一切事業和成功路上的阻力都可能隨之排除。

有復於王者曰：「吾力足以舉百鈞，而不足以舉一羽；明足以察秋毫之末，而不見輿薪。」則王許之乎？

【語譯】

假如有人向大王報告說：「我的力量能夠舉得起三千斤，卻拿不起一根羽毛；視力能夠看得清秋天毫毛的末梢，卻看不見擺在眼前的一車柴草。」大王會相信他的話嗎？

【原文釋評】

這裡是梁惠王問孟子關於實行王道有什麼辦法的時候，孟子給予的回答。孟子再一次闡述實行王道其實很簡單，就看你有沒有心實行而已。在管理中也同樣如此，只要你有心，眼光夠尖銳，你就能發現機會就在你身邊。

【經典案例】

日本的口香糖市場，多年來一直被勞特公司所壟斷，其他企業想要打入口香糖市場似乎已毫無可能。

在一九九一年，弱小的江崎糖業公司竟然一下子奪走勞特公司三分之一的市場，成為日本轟動一時的新聞。江崎公司是怎樣獲得成功的呢？

首先，公司成立由智囊人員、科技人員和供銷人員共同組成的團隊，在廣泛收集有關資料的基礎上，專門研究勞特公司生產、銷售的口香糖的優點與缺點。經過一段時間認真細微的調查分析，他們找出勞特公司生產的口香糖有以下缺點：

銷售對象太單一，以兒童為主，對成年人重視不夠（其實成年人喜歡口香糖的也不少，而且愈來愈多）。

口味也單一，只有果味型（其實消費者的口味需要是多樣的）。

形狀基本上都是單調的條狀（其實消費者對形狀的審美情趣也是多樣的）。

價格為每塊一百一十日元，顧客購買時要找零錢，頗不方便。

發現以上這些缺點以後，江崎公司對症下藥，迅速推出一系列口香糖新產品：提神用的口香糖，可以消除疲勞；交際用的口香糖，可以清潔口腔、消除口臭；運動用的口香糖，可以增強體力；輕鬆休閒的口香糖，可以改變抑鬱情緒。在口香糖形狀發明上，推出片形、圓球形、動物形等各種形狀。為了方便食用，採用一種新包裝，只需一隻手就可以打開使用。在價格上，為了避免找零錢的麻煩，一律定價為五十元和一百元兩種。這樣的一系列措施，加上強大的廣告宣傳，一九九一年江崎糖業公司在口香糖市場上的佔有率一下子由原來的〇％上升到二十五％，創造銷售額達一百五十億日元的高紀錄。

江崎糖業公司的創辦人談到他的創業成功秘訣時這樣說：「即使是已經成熟的市場，也並非無路可走。市場是不斷變化的，機會總能夠找到。」

二十世紀六〇年代，美國的飲料市場被兩大可樂公司所霸佔。作為一九六八年剛剛問世的新飲料——七喜，如何才能突破壟斷，搶佔市場呢？

當時的美國人在口味上已經習慣於可樂飲料，而且在思維上也拘泥於可樂才是飲料。如何打破可樂在消費者心目中的統治地位呢？七喜公司打破傳統的邏輯習慣和思維方式，到飲用者的頭腦中，找尋產品的位置。他們大膽的提出「非可樂」的產品位置，這個口號被美國的廣告界稱為「輝煌的口號」，也正是「非可樂」這個簡單有力的口號，使七喜脫離硝煙瀰漫的可樂競爭圈，以清新的口味和邏輯習慣贏得消費者。這個策略口號打出的第一年，七喜的銷售量上升十五%。一九七八年，菲利浦・莫里斯公司收購七喜公司，又使用「美國轉向七喜」這個定位戰略，雖然沒有改變大眾對可樂的消費口味，但是它卻奪走非可樂飲料的生意。

七喜公司採用兩級劃分的方法，把飲料市場劃分為可樂產品和非可樂產品兩大部分，將七喜定位為非可樂產品，這就與兩大可樂公司的產品有明確的區分，突顯七喜與可樂產品反其道而行的產品形象，既給消費者留下深刻的形象，又避開與兩大可樂公司之間的激烈競爭，使其可以集中贏得非可樂產品市場的霸主地位。

菲律賓有一家地理位置極差、但是生意卻極佳的餐館，餐館生意的成功秘訣全在於餐館管理者的奇思妙想。

這家餐館的生意起初並不好：由於地處偏遠，而且交通不方便，去餐館用餐的顧客很少。有人建議老闆乾脆關掉餐館，另謀他路。老闆思索再三，決定看看其他餐館的生意狀況後再說。於是，老闆扮作顧客，一個餐館一個餐館的察訪。最後，老闆發現，那些地處鬧市區、生意較好的餐館有一個共同點：「現代化」十足，「吵」得不能再「吵」。老闆不止一次發現一些不喜歡「熱鬧」的顧客直皺眉頭，匆匆用餐後隨即離去。

老闆想起自己餐館所處的獨特幽靜的地理位置，不由得躍躍欲試，「來個『幽靜高雅』，會是怎麼樣呢？」

老闆請來裝修工人將餐館的外貌精心裝飾得淡雅、古樸；屋內的裝飾只用白、綠兩種顏色，白色的柱子、白色的桌椅，綠色的牆、綠色的花草。管理者還用莎士比亞時代的酒桶為顧客盛酒，用從印度買來的「古戰車」為顧客送菜。

奇蹟出現了，早已被吵鬧聲吵得煩不勝煩的顧客們，聽說有一個古樸幽靜的餐館可以用餐，一傳十，十傳百，紛至還來，餐館的生意頓時好轉。

知者無不知也，當務之為急

【語譯】

智者沒有什麼事物不該知道，但是急於知道當前最重要的事情。

【原文釋評】

管理者要知道，企業的發展才是最重要，要企業發展就要抓住機會，讓偶然變成必然。

在生活中捕捉機會，如同撒網捕魚，有極大的偶然性，但是成大事者有辦法將這種偶然變為必然，讓「魚兒」乖乖入網。

成功學大師拿破崙．希爾認為，機會是偶然的，把握偶然的機會，你就成功了；反之，當然失敗。

【經典案例】

美國《婦女家庭》雜誌的編輯愛德華．包克，從小就沉浸在一種想法中：有一天他要創辦雜誌。

由於他建立這個明確的目標，所以特別留心每個機會。

有一次，他看見一個人打開一包煙時，從中抽出一張紙條，隨即把它扔了。包克拾起這張紙條，見那上面印著一個著名女演員的照片，下面有一行字，這是一套照片中的一幅。

包克把照片翻過來，發現它的背面竟然是空白的。

包克立即感覺到這是一個機會。

他推斷：如果把印有照片的紙片充分利用，在它的背面印上照片上人物的小傳記，價值就可以大大提高。

於是，他走到印刷這種紙煙附件的公司，向經理說明他的想法。

這位經理立即說：「如果你寫一百位美國名人小傳給我，每篇一百字，我將每篇付給你十美元。請你送來一些名人的名單給我，並分為總統、將帥、演員、作家……」

這就是包克最早的寫作任務。

他的小傳記的需求量與日俱增，以致他得請人幫忙。

於是，他聘請他的弟弟，付給他每篇五美元的稿費。

不久，包克又請了五名新聞記者幫忙。

就這樣，包克成為著名的編輯！

偶然的機會，有時就是這樣，促使一個人願望成為現實。

當然，偶然來臨的機會與成大事畢竟還是有一段距離。

法國一位總統曾經說過：**「人是有命運的，命運就是一種機會以及捕獲機會的能力。」**

機會是外在因素，捕獲機會的能力就是內在因素。

在科學發展的歷史上，由偶然性而導致的科學發明不計其數，它甚至成為從事發明的一種方法。

波爾多混合液的發明就是這樣。

一八七八年，在法國梅杜克地區，由於流行葡萄霜黴病，嚴重的影響該地區的葡萄生產。然而，在西南部波爾多城的一片靠近馬路旁的葡萄卻沒有得病，而且長勢良好。這個偶然例外，對於葡萄園的主人和專門研究者來說，是一個絕佳的機會。

波爾多大學教授米勒德特專訪這裡的葡萄園主人，得知原來是為了嚇唬小偷，在葡萄藤架上噴灑用石灰和硫酸銅按照不同比例配製成的農藥，經過試驗，發現它不但能防治葡萄霜黴病，還可以防治馬鈴薯晚疫病、梨黑星病等多種植物病害。

事情就是這樣巧妙，葡萄園主人為了防小偷使用的藥，意外的產生防治葡萄霜黴病的作用，這確是偶然的發現。

一個機會來臨時，如果沒有很好的把握，往往會失之交臂，因而想要捕到深水中的「大魚」，就要有耐心、有技巧、有對時機敏銳的把握能力。

法國人李比希是十九世紀最傑出的化學家之一，一八二五年李比希從法國著名化學家蓋・呂薩克那裡學成歸來，年僅二十二歲，已是大學的教授。

有一天，一個製鹽工廠的朋友送來一瓶浸泡過某種海藻植物灰的母液給他，請他分析鑒定其中的化學成分。經過一番處理，李比希從中提煉出某些鹽類。

他又將剩下的母液與氯水混合，再加一點澱粉試劑，母液立即呈藍色，這說明母液中含有碘化物。

第二天一早，李比希又拿起這瓶溶液，發現在藍色的含碘溶液上面還有少量的棕色液層。

這是什麼？

他並沒有進一步深入研究，想當然的斷定它是氯化碘，於是馬上貼上標籤，實驗便告結束。

一年以後，一個與李比希同齡的法國青年巴拉，因為家貧，一面在當地學院讀書，一面在藥學專科學校實驗室當助手。

他沒有輕信李比希的結論，於是對棕色液體進行多方試驗，結果發現一種與氯、碘極為相似的新元素——「溴」。

李比希因為想當然，一個重大的發現失之交臂。為了永生不忘這個深刻教訓，李比希每當指導學生實驗時，就將「氯化碘」標籤拿出來，告誡他們不得粗心大意，應該留心意外的發現。

當機會來臨的時候，抓住不放，就會創造意想不到的成就，成大事者往往就是這樣「長成」的。

夫環而攻之，必得天時者矣

【語譯】

既然四面圍攻，總有遇到好時機或好天氣的時候。

【原文釋評】

這是孟子論述天、地、人三者之間關係的時候所說的，並且說出「天時不如地利，地利不如人和」的千古名言。在論述三者關係的時候，孟子主要強調人和的重要性。但是有一點不應該忽視——時機的重要性。機會對於企業的發展也是同樣的重要。

在企業發展中，如果你能在時機來臨前就識別它，在它溜走前就採取行動，幸運之神就會降臨。

【經典案例】

一八六五年，美國南北戰爭宣告結束。北方工業資產階級戰勝南方種植園主，但是林肯總統被刺身亡。全美國沉浸在歡樂與悲痛之中，既為統一美國的勝利而歡欣鼓舞，又因為失去一位可敬的總統而無限悲慟。

但是，後來成為美國鋼鐵巨頭的卡內基卻看到另一面。他預料到，戰爭結束之後，經濟復甦必然降臨，經濟建設對於鋼鐵的需求量便會與日俱增。

於是，他義無反顧的辭去鐵路部門報酬優厚的工作，合併由他主持的兩大鋼鐵公司，創立聯合製鐵公司。同時，卡內基讓弟弟湯姆創立匹茲堡火車頭製造公司和經營蘇必略鐵礦。

在聯合製鐵廠裡，建立起一座二十二・五公尺高的熔礦爐，這是當時世界最大的熔礦爐，對它的建造，投資者都感到提心吊膽，生怕將本錢投進去之後不能獲得收益。但是卡內基的努力讓這些擔心成為杞人憂天，他聘請化學專家駐廠，檢驗買進的礦石、灰石和焦炭的品質，使產品、零件及原料的檢測系統化。

在當時，從原料的購入到產品的賣出，往往顯得很混亂，直到結算時才知道盈虧狀況，完全不存在科學的經營方式。卡內基大力整頓，貫徹各層次職責分明的高效率的概念，使生產力大為提高。同時，他買下英國道茲工程師「兄弟鋼鐵製造」專利，又買下「焦炭洗滌還原法」的專利。

他這個做法不乏先見之明，否則卡內基的鋼鐵事業就會在不久的大蕭條中成為犧牲品。

一八七三年，經濟大蕭條的境況不期而至。銀行倒閉、證券交易所關門，各地的鐵路工程支付款突然被中斷，現場施工戛然而止，鐵礦及煤礦相繼歇業，匹茲堡的爐火也熄滅了。

面對這個大蕭條時期，卡內基卻慧眼獨具的斷言：「只有在經濟蕭條的年代，才能以便宜的價格買到鋼鐵廠的建材，薪資也相對便宜。其他鋼鐵公司相繼倒閉，向鋼鐵挑戰的東部企業家也已鳴金收兵。這正是千載難逢的好機會，絕對不可以失去。」

於是，在最困難的情況下，卡內基卻反常人之道，打算建造一座鋼鐵製造廠。

他為此專門找股東摩根，說出自己的新打算：

「我計畫進行一個百萬元規模的投資，建貝亞默式五噸轉爐兩座，旋轉爐一座，再加上亞門斯式五噸熔爐兩座……」

「那麼，工廠的生產能力會怎樣呢？」摩根問他。

「一八七五年一月開始工作，鋼軌年產量將達到三萬噸，每噸製造成本大約六十九元……」

「現在鋼軌的平均成本大約是每噸一百一十元，新設備投資金額是一百萬元，第一年的收益就相當於成本……」

「比投資股票賺錢。」卡內基補充了一句。

在摩根的合作下，股東們同意發行公司債券。

有了資金，卡內基的宏偉計畫開始實施，各項工程有條不紊的進行，但是工程進度卻比預定的時間稍為落後。一八七五年八月六日，卡內基收到第一個訂單：二千支鋼軌。與此同時，他新建的熔爐也點燃了。

每噸鋼軌的製成人力費用是八・二六元，原料四〇・八六元，石灰石和燃料費是六・三一元，專利費一・一七元，總成本不過才五十六・六元。這比原先預計的六十九元便宜多了，卡內基興奮不已。

一八八一年，卡內基與焦炭大王費里克達成協議，雙方投資組建佛里克焦炭公司，各持一半股份。

同年，卡內基以他自己三家製鐵企業為主體，聯合許多小焦炭公司，成立卡內基公司。卡內基兄弟的鋼鐵產量佔全美的七分之一，並逐步向壟斷型企業邁進。

一八九〇年，卡內基兄弟吞併迪克森鋼鐵公司之後，一舉將資金增到二千五百萬美元，公司名稱也變為卡內基鋼鐵公司。不久之後，又更名為美國鋼鐵企業集團。

卡內基的成功是眼光和果斷的結果，更是把握千載難逢的絕佳時機，大蕭條成就卡內基的雄心和智慧，也成就一代鋼鐵大王的傳奇。

附錄：《孟子・梁惠王》

梁惠王・上

孟子見梁惠王。王曰：「叟！不遠千里而來，亦將有以利吾國乎？」

孟子對曰：「王！何必曰利？亦有仁義而已矣。王曰：『何以利吾國？』大夫曰：『何以利吾家？』士庶人曰：『何以利吾身？』上下交征利而國危矣！萬乘之國，弒其君者，必千乘之家；千乘之國，弒其君者，必百乘之家。萬取千焉，千取百焉，不為不多矣。苟為後義而先利，不奪不饜。未有仁而遺其親者也，未有義而後其君者也。王亦曰仁義而已矣，何必曰利？」

孟子見梁惠王。王立於沼上，顧鴻雁麋鹿，曰：「賢者亦樂此乎？」

孟子對曰：「賢者而後樂此，不賢者雖有此，不樂也。《詩》云：『經始靈台，經之營之，庶民攻之，不日成之。經始勿亟，庶民子來。王在靈囿，麀鹿攸伏，麀鹿濯濯，白鳥鶴鶴。王在靈沼，於牣魚躍。』文王以民力為台為沼，而民歡樂之，謂其台曰靈台，謂其沼曰靈沼，樂其有麋鹿魚鱉。古之人與民偕樂，故能樂也。湯誓曰：『時日害喪，予及女偕亡！』民欲與之偕亡，雖有台池鳥獸，豈能獨樂哉？」

梁惠王曰：「寡人之於國也，盡心焉耳矣！河內凶，則移其民於河東，移其粟於河內；河東凶亦然。

察鄰國之政，無如寡人之用心者。鄰國之民不加少，寡人之民不加多，何也？」

孟子對曰：「王好戰，請以戰喻。填然鼓之，兵刃既接，棄甲曳兵而走。或百步而後止，或五十步而後止；以五十步笑百步，則何如？」

曰：「不可，直不百步耳，是亦走也！」

曰：「王如知此，則無望民之多於鄰國也。」

「不違農時，穀不可勝食也；數罟不入洿池，魚鱉不可勝食也；斧斤以時入山林，材木不可勝用也。穀與魚鱉不可勝食，材木不可勝用，是使民養生喪死無憾也。養生喪死無憾，王道之始也。」

「五畝之宅，樹之以桑，五十者可以衣帛矣；雞豚狗彘之畜，無失其時，七十者可以食肉矣；百畝之田，勿奪其時，數口之家可以無饑矣；謹庠序之教，申之以孝悌之義，頒白者不負戴於道路矣。七十者衣帛食肉，黎民不饑不寒，然而不王者，未之有也！」

「狗彘食人食而不知檢，塗有餓莩而不知發，人死則曰：『非我也，歲也。』是何異於刺人而殺之，曰：『非我也，兵也！』王無罪歲，斯天下之民至焉。」

梁惠王曰：「寡人願安承教。」

孟子對曰：「殺人以梃與刃，有以異乎？」

曰：「無以異也。」

「以刃與政，有以異乎？」

曰：「無以異也。」

曰：「庖有肥肉，廄有肥馬，民有饑色，野有餓莩，此率獸而食人也。獸相食，且人惡之；為民父母，行政，不免於率獸而食人，惡在其為民父母也？仲尼曰：『始作俑者，其無後乎！』為其象人而用之也，如之何其使斯民饑而死也？」

梁惠王曰：「晉國，天下莫強焉，叟之所知也。及寡人之身，東敗於齊，長子死焉；西喪地於秦七百里；南辱於楚。寡人恥之，願比死者一洒之，如之何則可？」

孟子對曰：「地方百里而可以王。王如施仁政於民，省刑罰，薄稅斂，深耕易耨；壯者以暇日修其孝悌忠信，入以事其父兄，出以事其長上，可使制梃以撻秦楚之堅甲利兵矣！」

「彼奪其民時，使不得耕耨以養其父母。父母凍餓，兄弟妻子離散。彼陷溺其民，王往而征之，夫誰與王敵？故曰：『仁者無敵。』王請勿疑！」

孟子見梁襄王。出，語人曰：「望之不似人君，就之而不見所畏焉。卒然問曰：『天下惡乎定？』吾對曰：『定於一。』」

「『孰能一之？』對曰：『不嗜殺人者能一之。』」

「『孰能與之？』對曰：『天下莫不與也。王知夫苗乎？七八月之間旱，則苗槁矣。天油然作雲，沛然下雨，則苗浡然興之矣。其如是，孰能禦之？今夫天下之人牧，未有不嗜殺人者也。如有不嗜殺人者，則天下之民皆引領而望之矣。誠如是也，民歸之，由水之就下，沛然誰能禦之？』」

齊宣王問曰：「齊桓、晉文之事，可得聞乎？」

孟子對曰：「仲尼之徒，無道桓、文之事者，是以後世無傳焉，臣未之聞也。無以，則王乎？」

曰：「德何如則可以王矣？」

曰：「保民而王，莫之能禦也。」

曰：「若寡人者，可以保民乎哉？」

曰：「可。」

曰：「何由知吾可也？」

曰：「臣聞之胡齕曰，王坐於堂上，有牽牛而過堂下者，王見之，曰：『牛何之？』對曰：『將以釁鐘。』王曰：『捨之！吾不忍其觳觫，若無罪而就死地。』對曰：『然則廢釁鐘與？』曰：『何可廢也？以羊易之！』不識有諸？」

曰：「有之。」

曰：「是心足以王矣。百姓皆以王為愛也，臣固知王之不忍也。」

王曰：「然，誠有百姓者。齊國雖褊小，吾何愛一牛？即不忍其觳觫，若無罪而就死地，故以羊易之也。」

曰：「王無異於百姓之以王為愛也。以小易大，彼惡知之？王若隱其無罪而就死地，則牛羊何擇焉？」

王笑曰：「是誠何心哉？我非愛其財而易之以羊也，宜乎百姓之謂我愛也。」

曰：「無傷也，是乃仁術也，見牛未見羊也。君子之於禽獸也，見其生，不忍見其死；聞其聲，不忍食其肉。是以君子遠庖廚也。」

王說曰：「《詩》云：『他人有心，予忖度之。』夫子之謂也。夫我乃行之，反而求之，不得吾心。夫子言之，於我心有戚戚焉。此心之所以合於王者，何也？」

曰：「有復於王者曰：『吾力足以舉百鈞，而不足以舉一羽；明足以察秋毫之末，而不見輿薪。』則王許之乎？」

曰：「否。」

「今恩足以及禽獸，而功不至於百姓者，獨何與？然則一羽之不舉，為不用力焉；輿薪之不見，為不用明焉；百姓之不見保，為不用恩焉。故王之不王，不為也，非不能也。」

曰：「不為者與不能者之形何以異？」

曰：「挾太山以超北海，語人曰：『我不能。』是誠不能也。為長者折枝，語人曰：『我不能。』是不為也，非不能也。故王之不王，非挾太山以超北海之類也；王之不王，是折枝之類也。」

「老吾老，以及人之老；幼吾幼，以及人之幼，天下可運於掌。《詩》云：『刑於寡妻，至於兄弟，以御於家邦。』言舉斯心加諸彼而已。故推恩足以保四海，不推恩無以保妻子。古之人所以大過人者，無他焉，善推其所為而已矣。今恩足以及禽獸，而功不至於百姓者，獨何與？」

「權，然後知輕重；度，然後知長短。物皆然，心為甚。王請度之！」

「抑王興甲兵，危士臣，構怨於諸侯，然後快於心與？」

王曰：「否！吾何快於是？將以求吾所大欲也。」

曰：「王之所大欲，可得聞與？」

王笑而不言。

曰：「為肥甘不足以口與？輕暖不足於體與？抑為采色不足視於目與？聲音不足聽於耳與？便嬖不足使令於前與？王之諸臣，皆足以供之，而王豈為是哉？」

曰：「否！吾不為是也。」

曰：「然則王之所大欲可知已，欲辟土地，朝秦楚，蒞中國，而撫四夷也。以若所為，求若所欲，猶緣木而求魚也。」

王曰：「若是其甚與？」

曰：「殆有甚焉。緣木求魚，雖不得魚，無後災。以若所為，求若所欲，盡心力而為之，後必有災。」

曰：「可得聞與？」

曰：「鄒人與楚人戰，則王以為孰勝？」

曰：「楚人勝。」

曰：「然則小固不可以敵大，寡固不可以敵眾，弱固不可以敵強。海內之地，方千里者九，齊集有其一。以一服八，何以異於鄒敵楚哉？蓋亦反其本矣。」

「今王發政施仁，使天下仕者皆欲立於王之朝，耕者皆欲耕於王之野，商賈皆欲藏於王之市，行旅皆欲出於王之塗，天下之欲疾其君者皆欲赴愬於王。其若是，孰能禦之？」

王曰：「吾惛，不能進於是矣。願夫子輔吾志，明以教我。我雖不敏，請嘗試之。」

曰：「無恆產而有恆心者，惟士為能。若民，則無恆產，因無恆心。苟無恆心，放辟邪侈無不為已。及陷於罪，然後從而刑之，是罔民也。焉有仁人在位罔民而可為也？是故，明君制民之產，必使仰足以事父母，俯足以畜妻子，樂歲終身飽，凶年免於死亡，然後驅而之善，故民之從之也輕。今也制民之產，仰不足以事父母，俯不足以畜妻子，樂歲終身苦，凶年不免於死亡，此惟救死而恐不贍，奚暇治禮義哉？」

「王欲行之，則盍反其本矣。五畝之宅，樹之以桑，五十者可以衣帛矣。雞豚狗彘之畜，無失其時，七十者可以食肉矣。百畝之田，勿奪其時，八口之家可以無饑矣。謹庠序之教，申之以孝悌之義，頒白者不負戴於道路矣。老者衣帛食肉，黎民不饑不寒，然而不王者，未之有也！」

梁惠王・下

莊暴見孟子，曰：「暴見於王，王語暴以好樂，暴未有以對也。」曰：「好樂何如？」

孟子曰：「王之好樂甚，則齊國其庶幾乎！」

他日，見於王曰：「王嘗語莊子以好樂，有諸？」

王變乎色，曰：「寡人非能好先王之樂也，直好世俗之樂耳。」

曰：「王之好樂甚，則國其庶幾乎，今之樂猶古之樂也。」

曰：「可得聞與？」

曰：「獨樂樂，與人樂樂，孰樂？」

曰：「不若與人。」

曰：「與少樂樂，與眾樂樂，孰樂？」

曰：「不若與眾。」

「臣請為王言樂。今王鼓樂於此，百姓聞王鐘鼓之聲，管籥之音，舉疾首蹙頞而相告曰：『吾王之好鼓樂，夫何使我至於此極也？父子不相見，兄弟妻子離散。』今王田獵於此，百姓聞王車馬之音，見羽旄之美，舉疾首蹙頞而相告曰：『吾王之好田獵，夫何使我至於此極也？父子不相見，兄弟妻子離散。』此無他，不與民同樂也。」

「今王鼓樂於此，百姓聞王鐘鼓之聲，管籥之音，舉欣欣然有喜色而相告曰：『吾王庶幾無疾病與，何以能鼓樂也？』今王田獵於此，百姓聞王車馬之音，見羽旄之美，舉欣欣然有喜色而相告曰：『吾王庶幾無疾病與，何以能田獵也？』此無他，與民同樂也。今王與百姓同樂，則王矣。」

齊宣王問曰：「文王之囿，方七十里，有諸？」

孟子對曰：「於傳有之。」

曰：「若是其大乎？」

曰：「民猶以為小也。」

曰：「寡人之囿，方四十里，民猶以為大，何也？」

曰：「文王之囿，方七十里，芻蕘者往焉，雉兔者往焉，與民同之。民以為小，不亦宜乎？臣始至於境，問國之大禁，然後敢入。臣聞郊關之內有囿方四十里，殺其麋鹿者如殺人之罪，則是方四十里為阱於國中，民以為大，不亦宜乎？」

齊宣王問曰：「交鄰國，有道乎？」

孟子對曰：「有。惟仁者為能以大事小，是故湯事葛，文王事昆夷。惟智者為能以小事大，故大王事獯鬻，句踐事吳。以大事小者，樂天者也；以小事大者，畏天者也。樂天者保天下，畏天者保其國。

《詩》云：『畏天之威，於時保之。』」

王曰：「大哉言矣！寡人有疾，寡人好勇。」

對曰：「王請無好小勇。夫撫劍疾視曰：『彼惡敢當我哉！』此匹夫之勇，敵一人者也。王請大之！《詩》云：『王赫斯怒，爰整其旅，以遏徂莒，以篤周祜，以對於天下。』此文王之勇也。文王一怒而安天下之民。」

「《書》曰：『天降下民，作之君，作之師。惟曰其助上帝，寵之四方。有罪無罪，惟我在，天下曷敢有越厥志？』一人衡行於天下，武王恥之，此武王之勇也，而武王亦一怒而安天下之民。今王亦一怒而安天下之民，民惟恐王之不好勇也。」

齊宣王見孟子於雪宮。王曰：「賢者亦有此樂乎？」

孟子對曰：「有。人不得，則非其上矣。不得而非其上者，非也；為民上而不與民同樂者，亦非也。樂民之樂者，民亦樂其樂；憂民之憂者，民亦憂其憂。樂以天下，憂以天下，然而不王者，未之有也。」

「昔者齊景公問於晏子曰：『吾欲觀於轉附、朝舞，遵海而南，放於琅邪，吾何修而可以比於先王觀也？』晏子對曰：『善哉問也！天子適諸侯曰巡狩。巡狩者，巡所守也。諸侯朝於天子曰述職。述職者，述所職也。無非事者。春省耕而補不足，秋省斂而助不給。夏諺曰：『吾王不遊，吾何以休？吾王不豫，吾何以助？一遊一豫，為諸侯度。』今也不然：師行而糧食，饑者弗食，勞者弗息。睊睊胥讒，民乃作慝。方命虐民，飲食若流。流連荒亡，為諸侯憂。從流下而忘反謂之流，從流上而忘反謂之連，從獸無厭謂之荒，樂酒無厭謂之亡。先王無流連之樂，荒亡之行。惟君所行也。』」

「景公說，大戒於國，出舍於郊，於是始興發補不足。召太師曰：『為我作君臣相說之樂。』蓋《徵招》、《角招》是也。其詩曰：『畜君何尤？』畜君者，好君也。」

齊宣王問曰：「人皆謂我毀明堂，毀諸？已乎？」

孟子對曰：「夫明堂者，王者之堂也。王欲行王政，則勿毀之矣。」

王曰：「王政可得聞與？」

對曰：「昔者文王之治岐也，耕者九一，仕者世祿，關市譏而不征，澤梁無禁，罪人不孥。老而無妻曰鰥，老而無夫曰寡，老而無子曰獨，幼而無父曰孤。此四者，天下之窮民而無告者。文王發政施仁，必先斯四者。《詩》云：『哿矣富人，哀此煢獨。』」

王曰：「善哉言乎！」

曰：「王如善之，則何為不行？」

王曰：「寡人有疾，寡人好貨。」

對曰：「昔者公劉好貨，《詩》云：『乃積乃倉，乃裹餱糧，於橐於囊。思戢用光。弓矢斯張，干戈戚揚，爰方啟行。』故居者有積倉，行者有裹糧也，然後可以爰方啟行。王如好貨，與百姓同之，於王何有？」

王曰：「寡人有疾，寡人好色。」

對曰：「昔者大王好色，愛厥妃。《詩》云：『古公亶父，來朝走馬；率西水滸，至於岐下；爰及姜女，聿來胥宇。』當是時也，內無怨女，外無曠夫。王如好色，與百姓同之，於王何有？」

孟子謂齊宣王，曰：「王之臣有託其妻子於其友而之楚遊者，比其反也，則凍餒其妻子，則如之何？」

王曰：「棄之。」

曰：「士師不能治士，則如之何？」

王曰：「已之。」

曰：「四境之內不治，則如之何？」

王顧左右而言他。

孟子見齊宣王，曰：「所謂故國者，非謂有喬木之謂也，有世臣之謂也。王無親臣矣，昔者所進，今日不知其亡也。」

王曰：「吾何以識其不才而捨之？」

曰：「國君進賢，如不得已，將使卑踰尊，疏踰戚，可不慎與？左右皆曰賢，未可也；諸大夫皆曰賢，未可也；國人皆曰賢，然後察之。見賢焉，然後用之。左右皆曰不可，勿聽；諸大夫皆曰不可，勿聽；國人皆曰不可，然後察之。見不可焉，然後去之。左右皆曰可殺，勿聽；諸大夫皆曰可殺，勿聽；國人皆曰可殺，然後察之。見可殺焉，然後殺之。故曰：『國人殺之也。』如此，然後可以為民父母。」

齊宣王問曰：「湯放桀，武王伐紂，有諸？」

孟子對曰：「於傳有之。」

曰：「臣弒其君，可乎？」

曰：「賊仁者謂之『賊』，賊義者謂之『殘』。殘賊之人，謂之『一夫』。聞誅一夫紂矣，未聞弒君也。」

孟子見齊宣王，曰：「為巨室，則必使工師求大木。工師得大木，則王喜，以為能勝其任也。匠人斲而小之，則王怒，以為不勝其任矣。夫人幼而學之，壯而欲行之，王曰：『姑捨女所學而從我』，則何如？今有璞玉於此，雖萬鎰，必使玉人雕琢之。至於治國家，則曰：『姑捨女所學而從我』，則何以異於教玉人雕琢玉哉？」

齊人伐燕，勝之。宣王問曰：「或謂寡人勿取，或謂寡人取之。以萬乘之國伐萬乘之國，五旬而舉之，人力不至於此。不取，必有天殃。取之，何如？」

孟子對曰：「取之而燕民悅，則取之。古之人有行之者，武王是也。取之而燕民不悅，則勿取。古之人有行之者，文王是也。以萬乘之國伐萬乘之國，簞食壺漿以迎王師，豈有他哉？避水火也。如水益深，如火益熱，亦運而已矣。」

齊人伐燕，取之。諸侯將謀救燕。宣王曰：「諸侯多謀伐寡人者，何以待之？」

孟子對曰：「臣聞七十里為政於天下者，湯是也。未聞以千里畏人者也。《書》曰：『湯一征，自葛始。』天下信之，東面而征西夷怨，南面而征北狄怨，曰：『奚為後我？』民望之，若大旱之望雲霓也。歸市者不止，耕者不變。誅其君而弔其民，若時雨降，民大悅。《書》曰：『徯我后，后來其甦。』」

「今燕虐其民，王往而征之，民以為將拯己於水火之中也，簞食壺漿以迎王師。若殺其父兄，係累其子弟，毀其宗廟，遷其重器，如之何其可也？天下固畏齊之強也，今又倍地而不行仁政，是動天下之兵也。王速出令，反其旄倪，止其重器，謀於燕眾，置君而後去之，則猶可及止也。」

鄒與魯鬨。穆公問曰：「吾有司死者三十三人，而民莫之死也。誅之，則不可勝誅；不誅，則疾視其長上之死而不救。如之何則可也？」

孟子對曰：「凶年饑歲，君之民老弱轉乎溝壑，壯者散而之四方者，幾千人矣；而君之倉廩實，府庫充，有司莫以告，是上慢而殘下也。曾子曰：『戒之戒之！出乎爾者，反乎爾者也。』夫民今而後得反之也。君無尤焉！君行仁政，斯民親其上，死其長矣。」

滕文公問曰：「滕，小國也，間於齊、楚。事齊乎？事楚乎？」

孟子對曰：「是謀非吾所能及也。無已，則有一焉：鑿斯池也，築斯城也，與民守之，效死而民弗去，則是可為也。」

滕文公問曰：「齊人將築薛，吾甚恐，如之何則可？」

孟子對曰：「昔者大王居邠，狄人侵之，去之岐山之下居焉。非擇而取之，不得已也。苟為善，後世子孫必有王者矣。君子創業垂統，為可繼也。若夫成功，則天也。君如彼何哉？強為善而已矣。」

滕文公問曰：「滕，小國也，竭力以事大國，則不得免焉，如之何則可？」

孟子對曰：「昔者大王居邠，狄人侵之。事之以皮幣，不得免焉；事之以犬馬，不得免焉；事之以珠玉，不得免焉。乃屬其耆老而告之曰：『狄人之所欲者，吾土地也。吾聞之也：君子不以其所以養人者害人。二三子何患乎無君？我將去之。』去邠，踰梁山，邑於岐山之下居焉。邠人曰：『仁人也，不可失也。』從之者如歸市。或曰：『世守也，非身之所能為也，效死勿去。』君請擇於斯二者。」

魯平公將出，嬖人臧倉者請曰：「他日君出，則必命有司所之。今乘輿已駕矣，有司未知所之，敢請。」

公曰：「將見孟子。」

曰：「何哉，君所為輕身以先於匹夫者？以為賢乎？禮義由賢者出，而孟子之後喪踰前喪，君無見焉！」

公曰：「諾。」

樂正子入見，曰：「君奚為不見孟軻也？」

曰：「或告寡人曰：『孟子之後喪踰前喪』，是以不往見也。」

曰：「何哉，君所謂踰者？前以士，後以大夫；前以三鼎，而後以五鼎與？」

曰：「否，謂棺槨衣衾之美也。」

曰：「非所謂踰也，貧富不同也。」

樂正子見孟子，曰：「克告於君，君為來見也。嬖人有臧倉者沮君，君是以不果來也。」

曰：「行或使之，止或尼之。行止，非人所能也。吾之不遇魯侯，天也。臧氏之子焉能使予不遇哉？」

古學今用 153

中國第一管理術 孟子

海鴿文化出版圖書有限公司
Seadove Publishing Company Ltd.

作者 秦榆
美術構成 騾賴耙工作室
封面設計 斐類設計工作室
發行人 羅清維
企劃執行 張緯倫、林義傑
責任行政 陳淑貞

出版 海鴿文化出版圖書有限公司
出版登記 行政院新聞局局版北市業字第780號
發行部 台北市信義區林口街54-4號1樓
電話 02-27273008
傳真 02-27270603
E-mail seadove.book@msa.hinet.net

總經銷 創智文化有限公司
住址 新北市土城區忠承路89號6樓
電話 02-22683489
傳真 02-22696560
網址 www.booknews.com.tw

香港總經銷 和平圖書有限公司
住址 香港柴灣嘉業街12號百樂門大廈17樓
電話 （852）2804-6687
傳真 （852）2804-6409

CVS總代理 美璟文化有限公司
電話 02-2723-9968
E-mail net@uth.com.tw

出版日期 2022年07月01日 三版一刷
定價 350元
郵政劃撥 18989626 戶名：海鴿文化出版圖書有限公司

國家圖書館出版品預行編目（CIP）資料

中國第一管理術：孟子 ／ 秦榆作.
-- 三版. -- 臺北市 ： 海鴿文化，2022.04
面 ； 公分. --（古學今用；153）
ISBN 978-986-392-435-7（平裝）

1.（周）孟軻 2. 孟子 3. 學術思想 4. 研究考訂

121.26 111002469

Seadove

Seadove